Hannelore Leiser

Voltigieren für Einsteiger

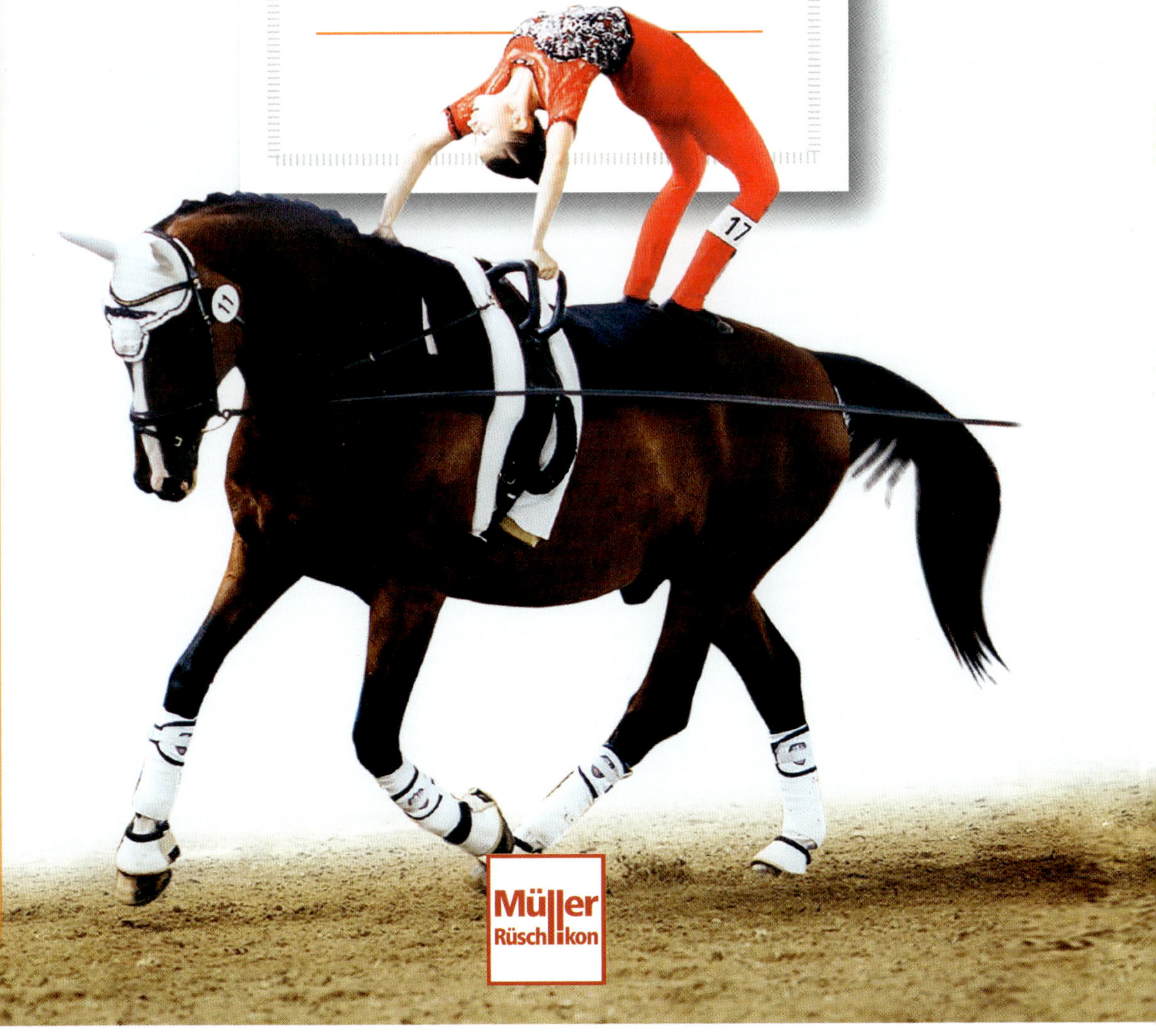

Müller Rüschlikon

IMPRESSUM

Einbandgestaltung: Nicola van Ravenstein I www.ravenstein2.de

Titelbild: Archiv Hannelore Leiser

Bildnachweis: Alle Bilder stammen aus dem Archiv von Hannelore Leiser
außer Bild S. 57 links: Barny Thierolf

Eine frühere Ausgabe dieses Buches ist
unter der ISBN 978-3-275-01856-7 erschienen.

ISBN 978-3-275-02287-8

Postfach 103743, 70032 Stuttgart
Ein Unternehmen der Paul Pietsch Verlage GmbH & Co. KG

1. Auflage 2023

Sie finden uns im Internet unter www.mueller-rueschlikon-verlag.de

Gesamtleitung: Claudia König
Innengestaltung: Kerstin Diacont
Druck und Bindung: Multiprint Ltd., Slavyanska Str. 10A,
2230, Kostinbrod, Bulgarien,
Printed in Bulgaria

INHALT

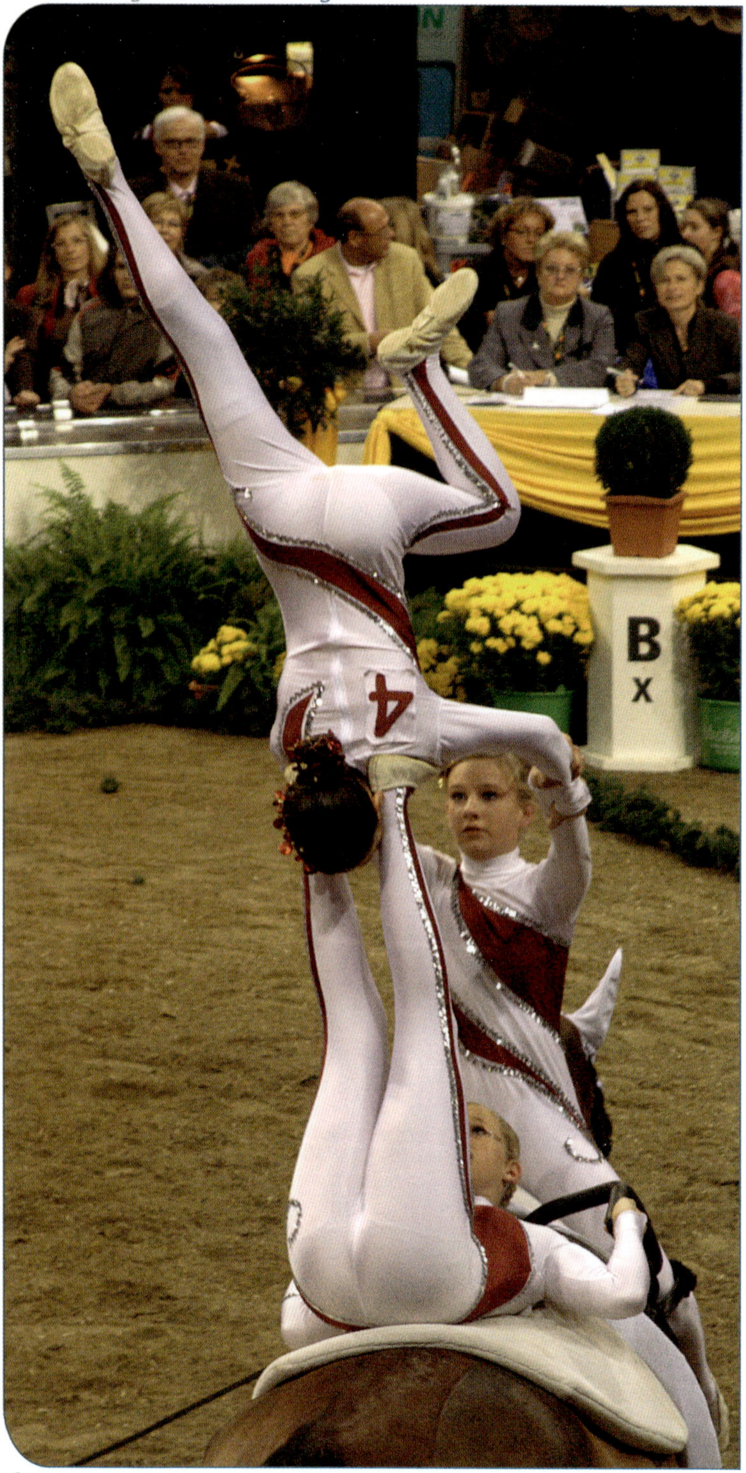
B
X

Schon kleine Kinder sind von Pferden fasziniert. Die Kinder sitzen im Kinderwagen, können noch nicht laufen, aber sind von den großen Tieren völlig begeistert. Meist haben die Eltern nichts mit Pferden zu tun, sie haben vielleicht sogar Respekt vor ihnen. Diese Faszination Pferd hält bei vielen Kindern an, so dass die Eltern dann nach einer Möglichkeit zur Kontaktaufnahme mit Pferden für sie suchen. Zum Reiten sind diese Kinder noch zu klein, deshalb fragen viele Eltern in Voltigiergruppen nach. Hier nehmen die Kinder spielerisch die ersten Kontakte zum Pferd auf. Ab dem Grundschulalter können sie dann richtig mit dem Voltigieren beginnen. Dabei heißt Voltigieren, sich mit und auf dem Pferd bewegen. Gymnastische und turnerische Übungen werden spielerisch und gegebenenfalls auch wettkampfmäßig auf dem Pferderücken ausgeführt. Für viele wird dieser Sport schnell mehr als nur die Vorbereitung auf das Reiten: Voltigieren hat eine ganz eigene Faszination in der Verbindung aus Athletik und Eleganz, im harmonischen Zusammenspiel der Voltigierer untereinander, mit dem Pferd und dem Ausbilder. Voltigieren ist ein echter Teamsport, der nur gelingen kann, wenn alle Beteiligten harmonieren und sich gegenseitig vertrauen. Dabei ist es ganz egal, ob eine breitensportliche Gruppe in erster Linie Spaß beim Turnen auf dem Pferd hat oder ob Leistungsvoltigierer sportliche Höchstleistungen zeigen.

Ein guter Ausbilder mit einem zuverlässigen Voltigierpferd und einem Verein, der dahinter steht, wird diese Kinder vielleicht für ein ganzes Leben prägen. Dieser Verantwortung sollten sich alle Beteiligten bewusst sein. Vielleicht hilft dieses Buch dem ein oder anderen, seiner Verantwortung und seinen Zielen etwas näherzukommen.

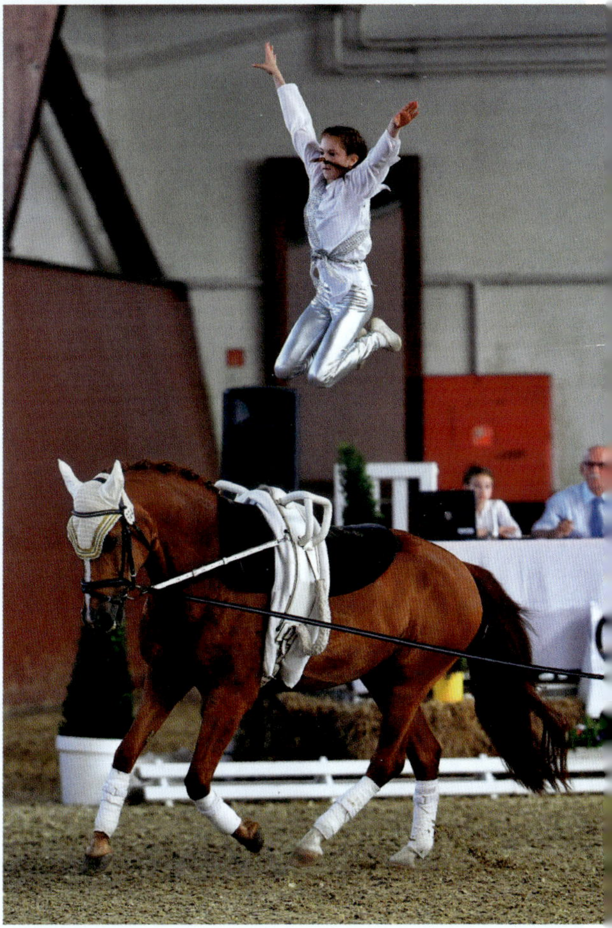

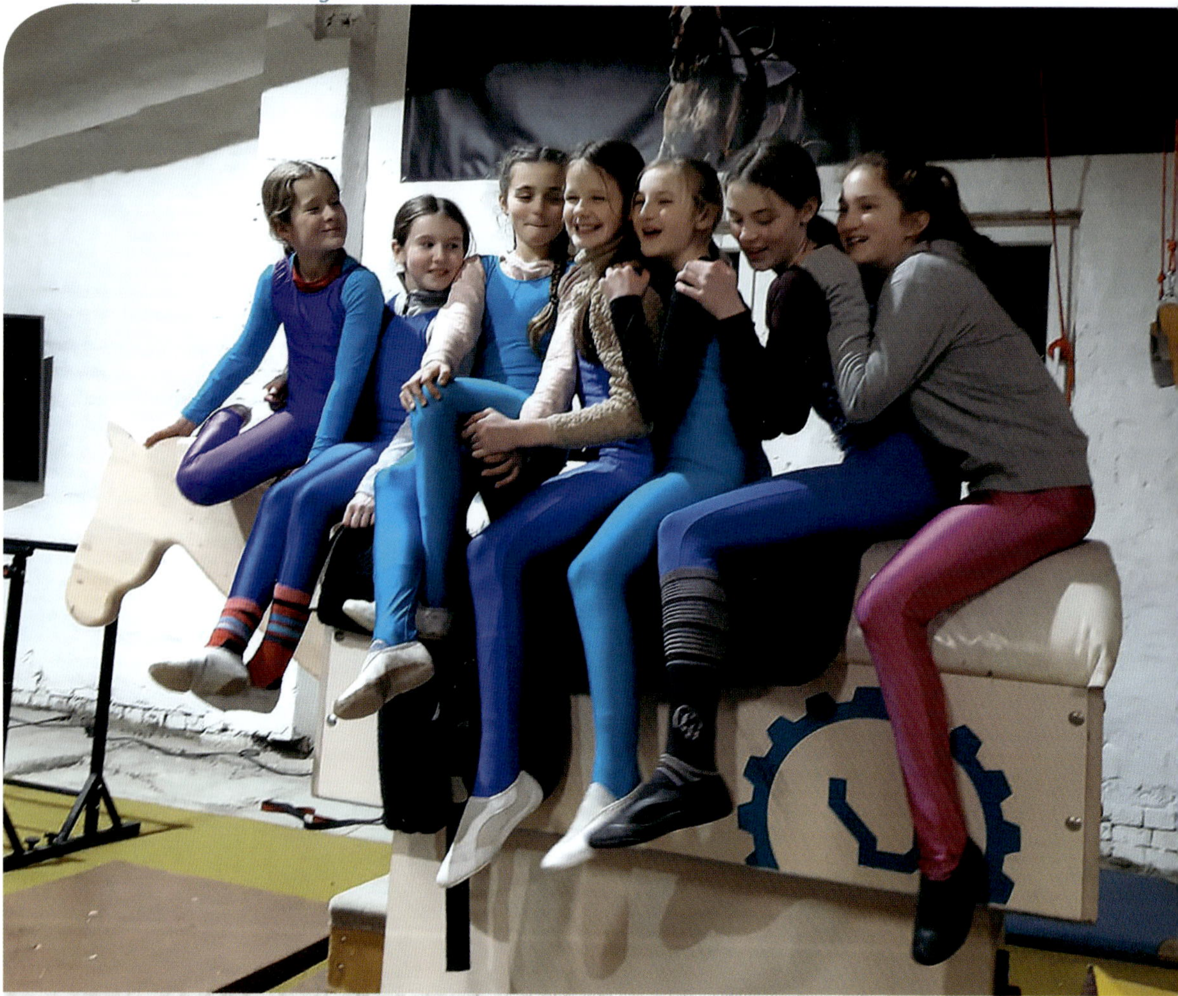

Das Team

Das Pferd

Ein gutes Voltigierpferd ist etwas ganz Besonderes. Dieses Pferd zu finden und seine Qualität zu erhalten verlangt ausgeprägtes Fachwissen und viel Einfühlungsvermögen von allen Beteiligten. Oft brechen ganze Gruppen auseinander, da ihnen das geeignete Pferd fehlt. Somit ist wohl das Pferd das wichtigste Teammitglied! Das Pferd ist auch der Grund, warum es viele Kinder und Jugendliche zum Voltigieren zieht.

Voraussetzungen an Voltigierpferde

Voltigierpferde wachsen nicht auf Bäumen, man muss sie sich ausbilden oder kaufen. Die Anforderungen an das Pferd beginnen mit dem positiven Charakter und ausgeglichenen Temperament. Pferde, die beißen, schlagen oder keine Kinder mögen, gehören nicht in den Voltigiersport. Der Rücken des Pferdes muss stark und breit sein. Er sollte überall unempfindlich sein. Die Galoppade sollte gleichmäßig, schwungvoll und sitzbequem sein, die Beine gesund und mit korrekter Hufstellung.

Der Hals sollte nicht zu tief angesetzt sein, damit das Pferd sich tragen kann, somit nicht auf der Vorhand läuft und länger gesund bleibt. Da Voltigierpferde eine gute Grundausbildung brauchen, sollten sie nicht jünger als fünf Jahre sein, erst dann ist das Pferd auch ausgewachsen und gefestigt. Fehlen einige dieser Voraussetzungen, kann die Ausbildung des Pferdes zum Problem werden.

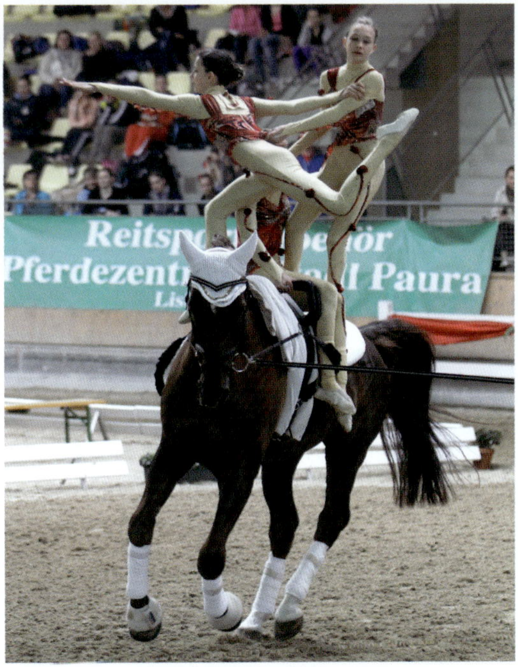

Die Auswahl von Pferden zum Voltigieren

Bei der Suche nach einem Voltigierpferd achtet man zunächst auf das Interieur, also einen guten Charakter und ein ausgeglichenes Temperament, sowie auf das Exterieur: breiter, unempfindlicher Rücken, gesunde Beine, gute Hufstellung, gut angesetzter Hals, breite Brust und eine gut gewinkelte Hinterhand. Die Größe ist abhängig von den Voltigierern. Die Farbe, das Zuchtgebiet und das Geschlecht spielen keine Rolle. Der Gesundheits- und Futterzustand des Pferdes soll einwandfrei sein und vor dem Kauf durch einen Tierarzt überprüft werden. Dieser kann auch die Eignung als Voltigierpferd und die dadurch entstehenden Belastungen einschätzen.

Die Anforderungen an Voltigierpferde sind hoch, ob im Leistungs- oder im Breitensport.

Beschaffung: Pferde kaufen kann man überall, von Privat, aus dem Internet, vom seriösen Händler oder aus dem Bekanntenkreis. Immer noch gibt es Verkäufer, die nicht ehrlich sind. Deshalb sollte man sich Hilfe von Fachleuten suchen und das Pferd ausreichend ausprobieren. Das Ausprobieren und Testen eines Pferdes auf die Eignung zum Voltigierpferd benötigt einen erfahrenen Reiter, einen qualifizierten Voltigierausbilder und gute Voltigierer. Mehrmals sollte Folgendes ausprobiert werden:

- Kennenlernen, Umgang mit dem Pferd
- im Stall, am Putzplatz
- Pferd im Freilaufen betrachten
- Reiten durch einen erfahrenen Reiter
- Longieren ohne Voltigierer
- Longieren und Testen mit Voltigierern

Verschiedene Übungen testen wie: Aufknien, Liegestütz, Beinschwingen, Stützschwung, Aufsprung ggf. als Bodensprung, ggf. Anlaufen, ggf. zwei Voltigierer auf dem Pferd. Das sollte man nicht alles beim ersten Mal testen, sondern auf mehrere Male verteilen und natürlich nie die Voltigierer in Gefahr bringen. Wird es gefährlich, abbrechen! Es gibt Pferde, die sich nicht zum Voltigieren eignen und es auch nicht lernen! Das muss man akzeptieren und lieber nach einem anderen Pferd schauen.

Die Voltigierausrüstung

Eine korrekte und passende Ausrüstung des Voltigierpferdes ist nicht nur für den Voltigierausbilder und die Voltigierer von Bedeutung, sondern hat auch Auswirkungen auf den Fortschritt der Pferdeausbildung und die Qualitätserhaltung. Regelmäßig müssen die Ausrüstung gepflegt und Funktionalität und Zustand überprüft werden. Weitere Informationen sind im LPO-Ausrüstungskatalog, Disziplin Voltigieren der FN veröffentlicht.

Trense und Gebiss

Im LPO-Ausrüstungskatalog steht, welche Gebisse beim Voltigieren erlaubt sind. Daran sollte sich die Gebissauswahl orientieren. Gängig sind die einfach oder doppelt gebrochene Wassertrense oder ein Olivenkopfgebiss, nicht zu dünn. Trensen können je nach Geschmack ausgewählt werden und haben ein kombiniertes, ein hannoveranisches oder ein schwedisches Reithalfter. Sie sollten gut sitzen und keine Druckstellen verursachen.

Gurt

Es gibt nur wenige Gurthersteller in Deutschland. Voltigiergurte sind teuer und sollten ebenso wie ein Sattel dem Pferd angepasst werden. Nur ein Pferd, das einen passenden Gurt hat, wird auf Dauer zufrieden und willig laufen.
Die Griffform kann die Gruppe nach Belieben auswählen. Für Nachwuchs- und Breitensportgruppen ist jedoch, vor allem mit kleinen Voltigierern, die runde, klassische Griffform zu empfehlen. Beidseitig hat der Gurt Fußschlaufen und ggf. eine Mittelschlaufe zwischen den Griffen. Zusätzlich wird ein Schaumstoff oder ein Fell als Polster unter den Gurt gelegt.

Voltigierpad

Das Voltigierpad soll den Pferderücken schonen. Für die Voltigierer bietet es zusätzlichen Halt und schützt vor Schweiß. Die Maße für das Pad sind im LPO- Ausrüstungskatalog aufgeführt. Es darf höchstens 110 cm lang (davon darf es maximal 30 cm vor dem Gurt und 80 cm nach dem Gurt), 93 cm breit und 4 cm dick sein. Kleiner ist auch erlaubt, besonders Ponys benötigen ein kleineres Pad. Pads können aus dickem Wollfilz oder Verbundschaumstoff sein. Das Material kann je nach Vorliebe gewählt werden, nur die Maße müssen stimmen. Das Pad soll gut auf dem Pferderücken aufliegen, damit keine Scheuerstellen entstehen. Wenn das Pad einen rutschfesten Bezug mit Reißverschluss an der Kopfseite hat, kann dieser regelmäßig abgezogen und gewaschen werden. Für Vorführungen eignen sich weiße oder schwarze Bezüge am besten, fürs Training ist die Farbe egal. Zusätzlich kann unter das Pad ein Gelpad auf den Widerrist zum Schutz gelegt werden.

Longe

Die Longe muss lang genug sein (mindestens 8,5 m) ohne Knoten und Gurtstege, aus Baumwolle und mit einer Sicherheitsschlaufe am Ende. Zur Befestigung am Gebiss eignet sich eine Lederschlaufe oder ein Karabiner ohne Wirbel. Die Longe wird am inneren Gebissring über oder unter dem Hilfszügel befestigt.

Hilfszügel

Die richtige Verschnallung von Hilfszügeln verlangt vom Ausbilder eine Menge Fachwissen, die er sich durch Lehrgänge und Fortbildungen aneignen muss. Allgemein kann man sagen: Für die Lösungsphase und den Schritt eignen sich Lauferzügel. Diese werden je nach Arbeitsphase tief oder hoch seitlich verschnallt. Es kann auch ein Dreieckszügel verwendet werden. Dieser wird seitlich und zwischen den Beinen verschnallt. Für den Galopp können seitliche Ausbilder mit und ohne Gummiring verwendet werden.

Peitsche

Die Peitsche muss mit Schlag so lang sein, dass das Pferd auf einem großen Zirkel mit mindestens 15 m Durchmesser erreicht werden kann. Leichte Teleskoppeitschen sind einfacher über längere Zeit zu halten. Durch das Zusammenstecken können sie gut aufbewahrt werden. Der Schlag kann je nach Vorlieben des Longenführers aus Leder, Kunststoff oder Gummi sein. Er muss regelmäßig gereinigt und auf ausreichende Länge überprüft werden.

Beinschutz

Beim Longieren tritt sich, bedingt durch die Kreisbahn, ein Pferd leichter als beim Reiten. Ein Beinschutz ist deshalb zu empfehlen und billiger als

Ein Pferd in korrekter Turnierausrüstung.

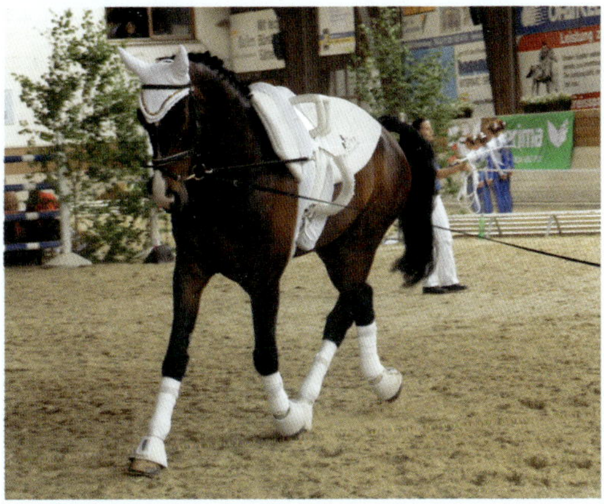

der Tierarzt. Bei Schaunummern und Wettbewerben wird auch aus optischen Gründen bandagiert. Es eignen sich Gamaschen oder Bandagen, ggf. auch Sprungglocken

Die Arbeit eines Voltigierpferdes

Wie viel, was und in welcher Intensität ein Voltigierpferd gearbeitet wird, hängt von verschiedenen Faktoren ab:

- Verwendung (Breiten- oder Leistungssport,
- Therapie usw.)
- Alter und Ausbildungsstand
- Jahresplanung, Events

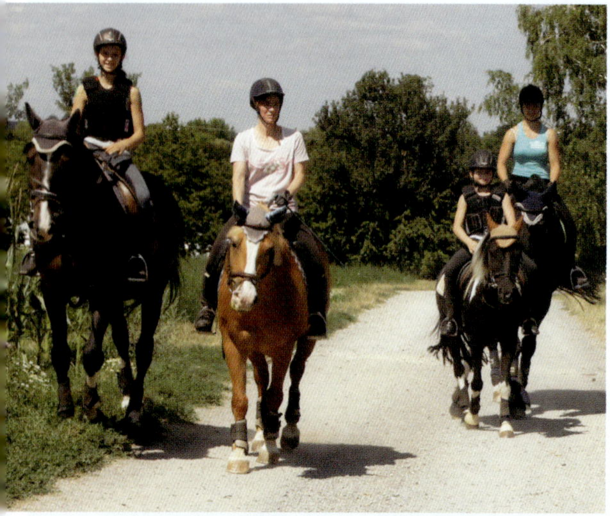

Voltigierpferde brauchen Abwechslung und Ausgleich, um zuverlässige Sportpartner zu bleiben.

Die Arbeit muss aber immer ausbildungserhaltend bzw. ausbildungsfördernd sein. Viele Ausbilder erstellen für das Pferd entsprechende Trainingsbzw. Einsatzpläne. Einbezogen wird auch ein abwechslungsreiches Ausgleichstraining. Hier geht es vor allem um das psychische Wohlbefinden des Voltigierpferdes. Sinnvoll ist deshalb auch der regelmäßige Koppelgang, Ausritte ins Gelände und abwechslungsreiche Dressur- und Springgymnastik.

Im Stall und in der Box braucht das Pferd Licht, Luft, angemessene Ernährung und die Möglichkeit zu sozialen Kontakten mit anderen Artgenossen. Damit alles rund ums Voltigierpferd klar geregelt ist, ist es sinnvoll zu klären, wer für diese Belange zuständig ist und wer die Verantwortung trägt. Wird ein Pferd so umsorgt, wird es allen lange Freude machen.

Der Voltigierausbilder

Dem Ausbilder kommt eine große Bedeutung zu. Mit seinem Können und Fachwissen rund um das Voltigieren und das Pferd vermittelt er Freude am Voltigiersport an Kinder und Jugendliche. Oft muss er dabei vielen Anforderungen gleichzeitig gerecht werden (Voltigierer, Eltern, Verein). Auch die Aufgaben rund ums Pferd soll er zufriedenstellend erfüllen. Um die zahlreichen Aufgaben zu erledigen, ist es hilfreich, wenn ihn ein Helferteam unterstützt. Voltigierausbilder arbeiten meistens ehrenamtlich und müssen ihren normalen Alltag und ihr Berufsleben mit dem Voltigierunterricht verbinden. Das ist nicht immer so einfach und erfordert viel Liebe zu diesem Sport.

Die Aufgaben des Ausbilders

Zu den vielfältigen Aufgaben der Voltigierausbilder gehören:

alle Aufgaben rund ums Pferd wie:

- Pferdeauswahl, Pferdeausbildung

- Das Wohlergehen des Pferdes betreuen oder selber gestalten

alle Aufgaben rund um die Voltigierer wie:

- Voltigierer an den Pferdesport heranführen
- Vermittlung von Fachkenntnissen
- Sicherheit im Umgang mit Pferden vermitteln
- Vorbereitung der Voltigierer auf Schaunummern, Feste, Wettbewerbe und Abzeichen im Pferdesport

Organisationsaufgaben:

- Organisationsaufgaben für die Voltigierer, die Eltern und den Verein
- Vorbereitung, Gestaltung und Durchführung der Trainingsstunden und Trainingseinheiten
- Finanzierungkonzepte für z. B. das Voltigierpferd, die Ausrüstung etc.

Pädagogische Anforderungen an den Ausbilder

Die Anforderungen und Aufgaben des Ausbilders ergeben sich aus der Zielgruppe der Voltigierer. Dabei unterscheidet man Ausbilder im Breiten- und im Wettkampfsport.

Ausbilder im Breitensport

Sie erhalten die Lust und Freude am Sport durch Spiel und Geselligkeit. Den Unterricht gestalten sie mit weiteren interessanten Angeboten. Sie bieten breitensportliche Wettbewerbe wie Voltigiertage, Motivationsabzeichen (Hufeisen und Steckenpferd) und Vorführungen bei Vereinsveranstaltungen usw. an. Fundiertes Wissen und Einfühlungsvermögen sind Voraussetzung. Pädagogische und psychologische Fähigkeiten werden verlangt und gebraucht.

Ausbilder im Leistungssport

Hier steht der Wettkampf bzw. Leistungsvergleich im Vordergrund. Für Trainer, Sportler und Eltern besteht ein hoher Zeitaufwand. Auch die Kosten für das Voltigieren sind für Trainer und Aktive höher. Breitgefächertes Können und gutes Fachwissen sind erforderlich. Pädagogische, psychologische und auch sportphysiologische Kenntnisse werden verlangt. Nur so können Wettkämpfe erfolgreich stattfinden.

Die Verantwortung des Ausbilders

Zu den Aufgaben des Ausbilders gehört auch die Verantwortung gegenüber allen Beteiligten und die Unfallverhütung und Sicherheit. Auch die Aufsichtspflicht fällt in seinen Bereich. Er übernimmt die Verantwortung für:

- die Voltigierer: Aufsichtspflicht für alle Voltigierer unter 18 Jahren und verantwortungsbewusstes Training der Voltigierer, auch unter Berücksichtigung der Zielgruppe, des Alters und des Leistungsvermögens.
- das Pferd: Umgang, Pflege, Einsatz und Verantwortung nach den Ethischen Grundsätzen und nach dem Tierschutzgesetz.
- die Eltern der Voltigierer: Vertrauensvoll schicken die Eltern ihre Kinder zum Voltigierunterricht und verlassen sich auf eine zuverlässige und verantwortungsbewusste Betreuung.
- den Verein: Loyalität gegenüber dem Verein, Verantwortung für den Vereinsbesitz (Pferd, Halle, Ausrüstung usw.). Außerdem ist er verantwortlich dafür, Unfälle zu vermeiden. Das betrifft zum einen den sachgerechten Umgang der Voltigierer mit dem Pferd, die Ausrüstung und auch die rich-

tige Ausbildung des Pferdes. Aber auch Kenntnisse über das Training allgemein sind wichtig, um Unter- oder Überforderung zu vermeiden.

Planung und Aufbau einer Voltigierstunde

Allgemeine Überlegungen

Eine Unterrichtsstunde soll keine beliebige Aneinanderreihung von Übungen oder Themen sein, sondern einen geordneten und vorher festgelegten Aufbau verfolgen. Deshalb muss Unterricht vorbereitet und durchdacht sein. Es sollte jedoch auch kein starres Schema sein, denn Spontaneität und Kreativität müssen erhalten bleiben.
Vorbereitung begünstigt das Gelingen von Voltigierstunden. Materialien für die Stunde können besorgt werden, besondere Ereignisse und Vorhaben können im Vorfeld geplant und mit den Zuständigen abgesprochen werden. Empfehlenswert ist die Planung einer größeren Einheit, z. B. Stundenverteilung bis zum Motivationsabzeichen. Dann können Stunden logisch aufeinander aufbauen, alle arbeiten für ein gemeinsames Ziel und die Kinder wissen genau, warum sie regelmäßig zum Unterricht kommen sollen und arbeiten sich motiviert an der Ziellinie entlang. Viele Ausbilder und Gruppen erstellen eine Jahresplanung, in der größere Events die Zielvorgaben steuern.

Ziele sind wichtig!

Voltigierunterricht ohne Ziele wird für alle irgendwann langweilig. Jeder möchte wissen, für wen oder was er etwas tut. Die Vorfreude auf ein schönes Ereignis schafft Motivation und Leistungsbereitschaft.

Aufbau einer Unterrichtsstunde

Wie beim Aufsatzschreiben gliedert sich der Stundenaufbau in Einleitung, Hauptteil und Schluss. In der Einleitung geht es um das Erwärmen und Lösen von Pferd und Voltigierern. Das Stundenthema wird erläutert, die Voltigierer stimmen sich ein. Der Hauptteil dreht sich dann um das Erarbeiten der gesetzten Lernziele, das Erlernen neuer Übungen, Spiele usw. und Wiederholung und Festigen bereits bekannter Übungen oder Spiele. Der letzte Teil der Stunde widmet sich dem Ausklang, Beruhigen und Versorgen des Pferdes. Eventuell gibt es eine kurze Nachbespre-

Die Methodik des Unterrichts

- **Vom Bekannten zum Unbekannten:** Mit bekannten, ggf. ähnlichen Übungen beginnen, dann erst die neuen Übungen einführen.
- **Vom Leichten zum Schweren:** Mit leichten Übungen beginnen, dann erst die schweren Übungen einführen.
- **Von der Grobform zur Feinform:** Zuerst die groben Fehler unter Berücksichtigung der Hauptkriterien (siehe auch Pflichtübungen) korrigieren, dann Korrektur bis zur Feinform.
- **Vom Einfachen zum Komplexen:** Übungen in Teilschritten – methodische Übungsreihen – erlernen. Erst wenn die Teilschritte sicher beherrscht werden, die ganze komplexe Übung turnen.

chung der Stunde (Positives, ggf. Negatives, ggf. Hausaufgabe). Zu guter Letzt noch Aufräumen, Hufschlag machen usw.

Lernfortschritte durch sinnvoll angewandte Didaktik des Ausbilders

Unterricht sollte nicht nur Anweisungen enthalten, die Voltigierer sollen Aufgaben gestellt bekommen, die alleine oder auch in der Gruppe kreativ und eigenständig gelöst werden können. Die Sprache des Unterrichts muss zum Voltigierer (Alter, Vorkenntnisse, Fachwissen) passen. Korrekturen müssen unmissverständlich, mit Geduld und Ruhe, mit Rückmeldung durch den Voltigierer erfolgen. Das Feedback zeigt dem Ausbilder, ob die Korrektur verstanden wurde. Nur dann kann der Voltigierer sie umsetzen.

Der Ausbilder sollte den Lerntyp des Voltigierers beachten! Kinder lernen unterschiedlich. Manchen reicht die verbale Erklärung, andere brauchen noch zusätzliche Hilfen wie z. B. akustische Unterstützung beim Zählen des Rhythmus, optische Hilfe wie einen erfahrenen Voltigierer, der die Übung vorturnt, oder taktile Hilfe, wenn der Ausbilder das Bein oder den Arm in die richtige Position bringt. Auch Fotos und Videoaufnahmen helfen Kindern beim Lernen. Schwierige und neue Übungen vorab gründlich erklären, ggf. demonstrieren und in Teilschritte zerlegen.
Differenzierung innerhalb der Gruppe ist wichtig und notwendig. Differenzierung wird durch das Alter, die Vorerfahrungen der Voltigierer und das Leistungsvermögen der Voltigierer bestimmt. Auch das Pferd, z. B. großes Pferd, kleiner Voltigierer, kann Differenzierung nötig machen. Wichtig ist außerdem die Gestaltung der Vorbzw. der Nachbereitung der Pferde. Voltigieren ist Pferdesport. Nur Voltigierer, die in die Vor- und Nachbereitung mit einbezogen werden, bekommen einen Bezug zu ihrem Pferd. Die Gefahr ist sonst, dass das Pferd nur ein Sportgerät ist, dessen Bedürfnisse den Voltigierern fremd sind.

Ausbildungsmöglichkeiten für Voltigierausbilder

Die Deutsche Reiterliche Vereinigung bietet für Voltigierausbilder ein umfangreiches Angebot an Ausbildungsmöglichkeiten. Diese werden in der APO (Ausbildungsprüfungsordnung) aufgeführt und näher erläutert. Dazu gehören z. B. **der Trainerassistent, der Trainer C, der Trainer B und der Trainer A**.

Der Ausbilder: zuständig für alles rund um Pferd, Training und Voltigierer.

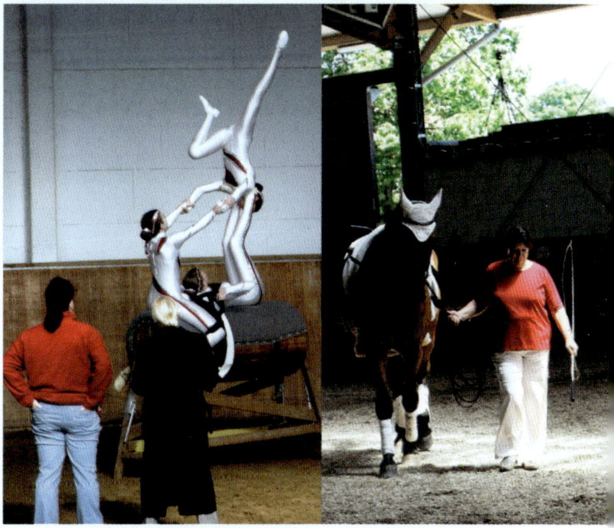

Alle Trainerscheine können nach verschiedenen Schwerpunkten wie z. B. Basissport, Leistungssport oder Pferdeausbildung (siehe APO) absolviert werden.

Voltigierausbilder mit einer Trainerlizenz der Deutschen Reiterlichen Vereinigung haben einen Fachkenntnisnachweis gegenüber den Voltigierern, den Eltern, dem Verein, der Versicherung und der Öffentlichkeit. Die Position des Ausbilders wird so gestärkt und erhält zusätzliche Anerkennung von vielen Seiten. Für den Voltigierausbilder bedeutet die Trainerlizenz Sicherheit, Erfahrungsaustausch mit anderen Ausbildern (die Trainerlizenz muss regelmäßig durch Lehrgänge verlängert werden) und natürlich Freude am Voltigiersport und den Pferden. Deshalb ist die Trainerprüfung immer anzustreben und von großem Vorteil.

Die Voltigierer

Wer kann alles voltigieren?

Eigentlich können alle Kinder und Jugendliche, die Spaß an Bewegung haben und Pferde mögen, voltigieren. Es voltigieren mehr Mädchen als Jungen, aber auch für Jungen ist Voltigieren geeignet. Die Ausbilder müssen dann die Bedürfnisse von Jungen berücksichtigen.

Bereits im Kindergartenalter können Kinder mit dem Voltigieren beginnen. Voraussetzung ist ein Voltigierpony, dessen Griffe die kleinen Voltigierer erreichen können. Diese Voltigierer arbeiten fast ausschließlich im Schritt, bis ihre körperlichen Voraussetzungen mehr zulassen.

Die Gruppeneinteilung ist abhängig von den Voraussetzungen, die den Voltigierern geboten werden können, sowie von der Zielsetzung des Voltigierunterrichts. Abhängigkeiten ergeben sich auch durch den jeweiligen Verein, den Stallbesitzer, den Pferdebesitzer und den zeitlichen Aufwand, den der Voltigierausbilder dem Voltigieren entgegen bringen kann.

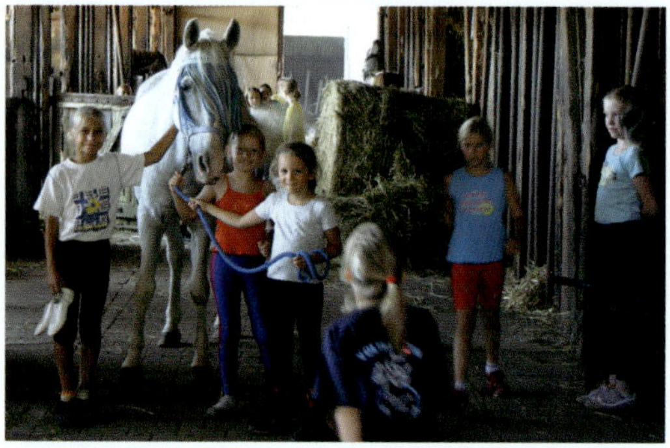

Erster Kontakt zum Pferd in Nachwuchsgruppen.

Bei breitensportlichen Gruppen steht die Freude am Sport im Vordergrund.

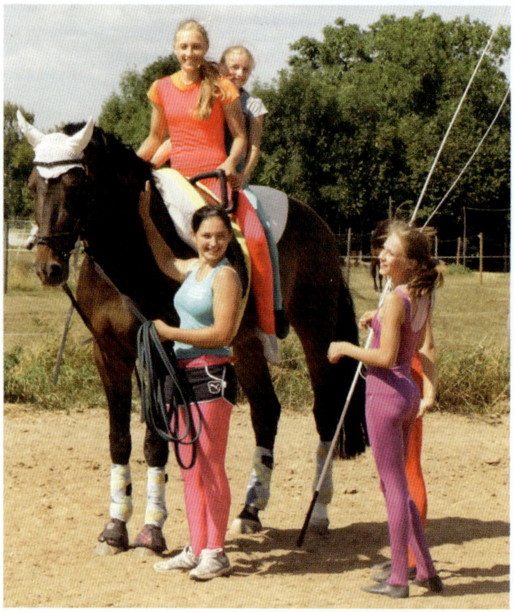

Voltigierunterricht verursacht je nach Angebot und Qualität Kosten. Diese müssen von den Voltigierern bzw. deren Eltern getragen werden. Leistungsvoltigierer werden dabei einen höheren Beitrag zahlen müssen als Breitensportler. Ein niedriger Preis sollte aber nicht auf Kosten der Pferde angeboten werden, Pferde sollten wie im Kapitel vorne beschrieben ihren Anspruch auf einen guten Lebensraum erhalten. Trotzdem ist für viele Voltigierer und deren Eltern der Voltigiersport eher bezahlbar als die anderen Pferdesportdisziplinen.

Immer beliebter werden auch Erwachsenengruppen. Hier erfüllen sich viele ihren Kindheitstraum, den Kontakt zu einem Pferd. Das Voltigieren hat den Vorteil, dass die erwachsenen Voltigierer dem Pferd nicht alleine ausgeliefert sind, sondern kontrollierte Bewegungserlebnisse mit dem neuen Partner Pferd erfahren dürfen.

Nachwuchsgruppen, Breitensportgruppen, Kindergartengruppen

Hier voltigieren Jungen und Mädchen in der Regel einmal in der Woche. Gemeinsam besuchen viele dieser Gruppen breitensportliche Veranstaltungen oder nehmen an Schauvorführungen teil. Viele Kinder sind im Kindergarten- oder Grundschulalter. Aber auch ältere Kinder oder Jugendliche finden hier noch den Einstieg in den Voltigiersport.

Turniergruppen

In den Turniergruppen voltigieren Kinder und Jugendliche ab dem Grundschulalter. Mit dem Schulabschluss beenden viele ihrer aktive Voltigierlaufbahn. Turniergruppen trainieren oft mehrmals die Woche und nehmen je nach Zielsetzung und Trainingsaufwand an Wettbewerben teil.

Leistungsgruppen, Einzel- und Doppelvoltigierer
Leistungsgruppen, Einzel- und Doppelvoltigierer trainieren oft drei und mehr Stunden in der Woche am Pferd. Zusätzlich zum Pferdetraining absolvieren sie Turn-, Ballett- oder Krafttrainingseinheiten. Um Mitglied in einer Leistungsgruppe zu werden, braucht man eine gewisse Sportlichkeit und Talent. Trainer und Pferd müssen ebenfalls den hohen Anforderungen genügen. Oft trainieren Leistungs- Voltigierer auch nicht nur auf einem Pferd. Auf einem galoppierenden Turnpferd absolvieren sie zusätzliche Trainingseinheiten. Diese entlasten die Pferde erheblich. Bei entsprechendem Trainingsaufwand nehmen diese Voltigierer an großen Wettbewerben, Meisterschaften und internationalen Turnieren teil.

Schulsportgruppen, Schul-AG

Im Rahmen der Zusatzangebote bieten manche Schulen Projekttage, Arbeitsgemeinschaften (AG)

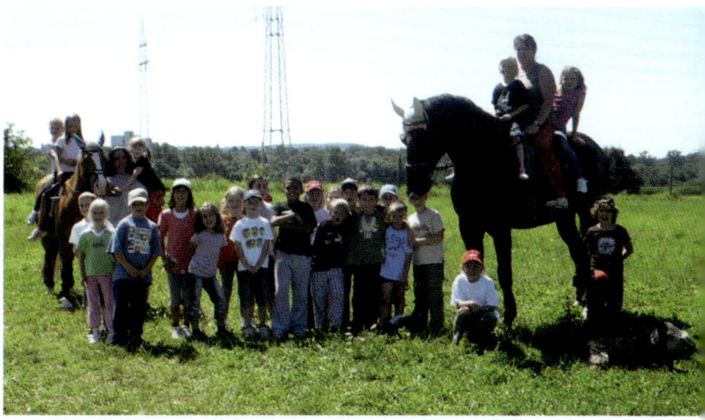

Voltigieren kann auch im Rahmen eines Schulprojekts angeboten werden.

oder Kooperationsstunden im Voltigieren an. Die Gruppen werden gemeinsam von Lehrern der jeweiligen Schulen und dem Voltigierausbilder vor Ort betreut. Erzieherische und pädagogische Ziele, aber auch das Sportangebot stehen hier im Vordergrund. Gelegentlich wechseln Kinder aus dem Schulvoltigieren in die Voltigiergruppen des Vereins.

Heilpädagogische + integrative Gruppen

Kinder und Jugendliche mit körperlichen oder geistigen Defiziten können in diesen Gruppen durch das Voltigieren gefördert werden. Die Ausbilder benötigen eine spezielle Ausbildung und die Gruppengröße ist sehr klein, um eine optimale Förderung zu gewährleisten. Ziel ist hier, die Voltigierer in ihrer weiteren Entwicklung positiv zu unterstützen.

Erwachsenengruppen

Wie bereits oben beschrieben voltigieren hier Erwachsene. Zu den Stunden kommen Voltigieranfänger, ehemalige Voltigierer oder auch interessierte Reiter. Das Pferd und der Ausbilder müssen den Anforderungen gewachsen sein, um die unterschiedlichen Bedürfnisse differenziert zu erfüllen.

Die richtige Ausrüstung und Kleidung zum Voltigieren

Im Nachwuchsbereich benötigen die Voltigierer keine aufwändige Ausrüstung oder Kleidung. Eine enge Gymnastikhose, ein enges T-Shirt und etwas festere Gymnastikschuhe reichen am Anfang aus. Turnschuhe mit harter Sohle sind nicht geeignet und verletzen eventuell den Pferderücken. Lange Haare werden zusammengebunden und Schmuck abgelegt. Im Winter tragen die Voltigierer warme Wollsocken und Einlagen in den Schuhen. Diese müssen dann groß genug sein. Fleece- oder Strickpullis und ggf. mehrere Hosen helfen, die Voltigierstunde in den kalten Reithallen durchzuhalten.

Turnier- und Leistungsgruppen trainieren meist in Turnanzügen. Spezielle Voltigierschuhe werden den Reithallenböden gerechter. Für die Turnierteilnahme haben die Gruppen einen einheitlichen Dress mit passendem Haarschmuck und Voltigierschuh.

Das Outfit der Voltigierer in der Kür ist in höheren Leistungsgruppen oft dem jeweiligen Kür-Thema angepasst

Reithelme beim Voltigieren?

Reithelme sind für Voltigierer ungeeignet. Sie schränken die Bewegungsmöglichkeiten und das Sichtfeld des Voltigierers ein. Durch die Kontrolle des Pferdes durch den Longenführer und die Griffe am Voltigiergurt können sich die Voltigierer schneller als beim Reiten vom Pferd lösen. Bei Voltigiergruppen mit anderen Zielsetzungen, wie heilpädagogischen oder integrativen Gruppen, sind Helme hingegen sinnvoll. Oft sitzen die Voltigierer nur auf dem Pferd und umturnen es nicht. Außerdem kann die Reaktions- und Anpassungsfähigkeit dieser Voltigierer eingeschränkt sein. Auch für geführte Ausritte und Spiele mit dem Voltigiergurt können Reithelme genutzt werden, sind ggf. sogar empfehlenswert.

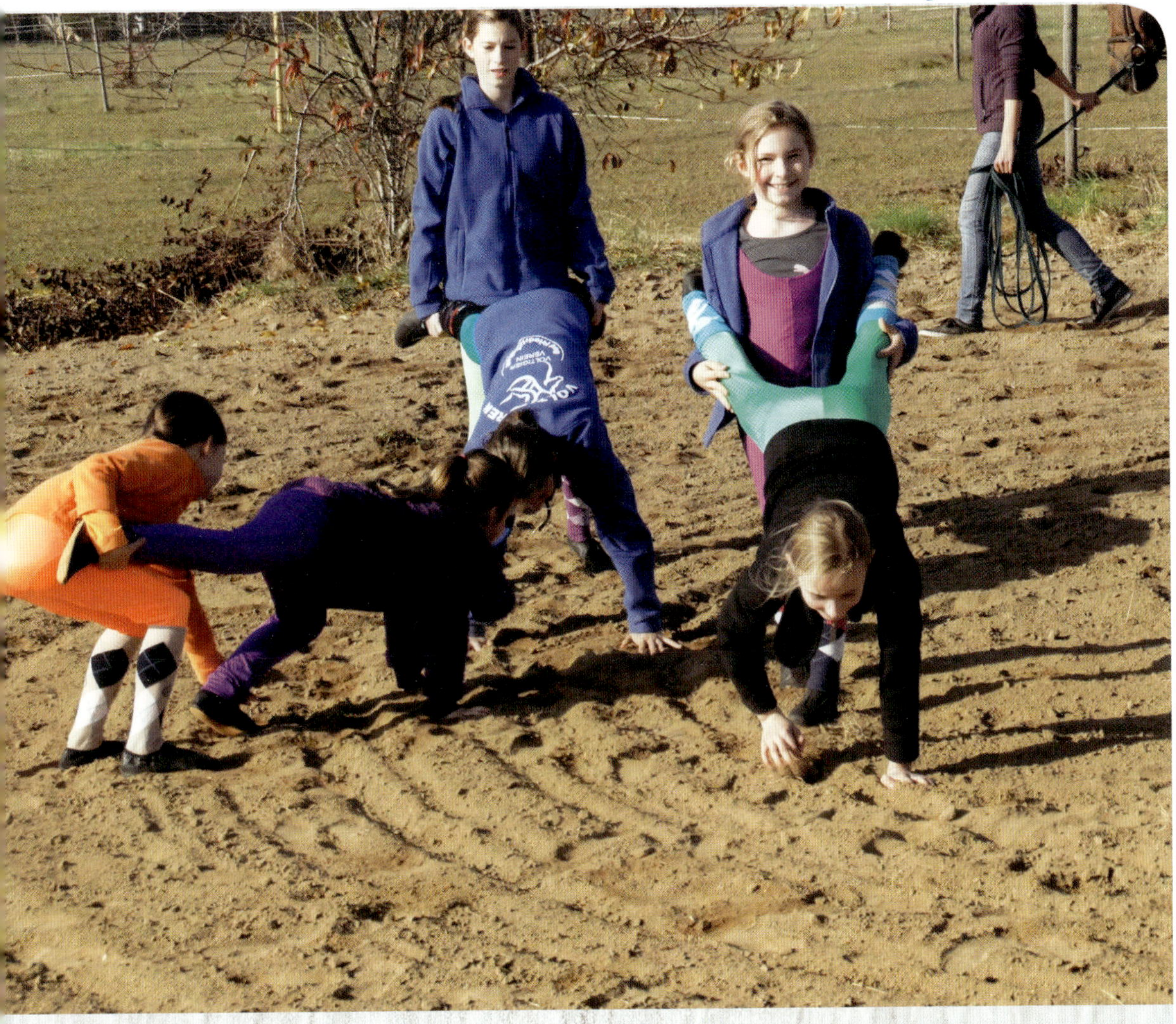

Erwärmung und Gymnastik

Gründe und Prinzipien der Muskelerwärmung

Wie in jeder Sportart ist auch beim Voltigieren die Erwärmung vor jedem Training unabdingbar. Dabei kann das Aufwärmtraining bereits die Vorbereitung und Hinführung auf das gesetzte Stundenziel sein. Gezielt werden die dafür benötigten Gelenke und Muskelgruppen gekräftigt und gedehnt. Vor einem Wettkampf oder vor einer Aufführung ist das Aufwärmen eine positive Ablenkung, um Ängste und Hemmungen abzubauen.

Unter Muskelerwärmung versteht man den langsamen Anstieg der Körpertemperatur, dadurch wird der Stoffwechsel angeregt und zusätzliche Energie wird freigegeben. Eine Leistungszunahme der Muskulatur ist so möglich.

Die Muskelerwärmphase soll ca. 15 bis 30 Minuten vor dem eigentlichen Trainingsbeginn erfolgen. Sie läuft in der Unterrichtsstunde meistens parallel zum Aufwärmprogramm des Pferdes. Die Länge der Aufwärmphase ist dabei auch abhängig von der Jahreszeit, vom Leistungsstand und Alter der Voltigierer und vom geplanten Stundenziel.

Organisation der Erwärmung

Wenn das Aufwärmen durch einen zweiten Ausbilder durchgeführt wird, kann sich ein Ausbilder auf das Aufwärmprogramm der Voltigierer konzentrieren, der andere kümmert sich um die Erwärmung des Pferdes.

Eine andere Möglichkeit: Der Ausbilder erwärmt das Pferd und die Kinder gemeinsam z. B. durch verschiedene Laufspiele (Beispiele auch im Kapitel Voltigierspiele). Dieses Aufwärmprogramm funktioniert nur, wenn das Pferd vom Ausbildungsstand weit genug ist und sich in einem gemeinsamen Aufwärmprogramm lösen kann. Für junge Pferde reicht dieses Lösungsprogramm meistens nicht aus und kann ggf. auch eine Gefahr für die Voltigierer sein.

Der Ausbilder kann auch Aufgaben zur Erwärmung an die Voltigierer verteilen. Diese erwärmen sich selbständig. Die Aufgaben können z. B. auf kleine Karteikärtchen geschrieben werden, so kann jeder nachlesen, was geleistet werden soll. Selbstständiges Aufwärmtraining setzt Vorkenntnisse der Voltigierer und ein gewisses Alter voraus.

Eine andere Alternative ist, dass ein oder mehrere der älteren Voltigierer das Aufwärmtraining übernehmen. Da Voltigiergruppen meistens altersgemischt sind, können auch durchaus ältere, schon erfahrene Voltigierer das Aufwärmtraining übernehmen. Der Ausbilder sollte ihnen schon zu Beginn die Inhalte dazu erklären und mitteilen.

Art der Aufwärmarbeit

Die Aufwärmarbeit kann unterschiedlich gestaltet werden oder verschiedene Schwerpunkte beinhalten. Nicht immer müssen alle Schwerpunkte berücksichtigt werden. Lauftraining muss aber immer dabei sein. Die anderen Punkte sind abhängig vom Stundenziel. Die Intensität der einzelnen Punkte sollte dabei mit der Entwicklung der Voltigierer gesteigert werden.

5 bis 10 Minuten Lauftraining gehören immer an den Anfang einer Aufwärmphase. Einfaches Laufen durch die Halle gefällt den meisten Voltigierern nicht. »Mir ist schon warm«, sagen einem die

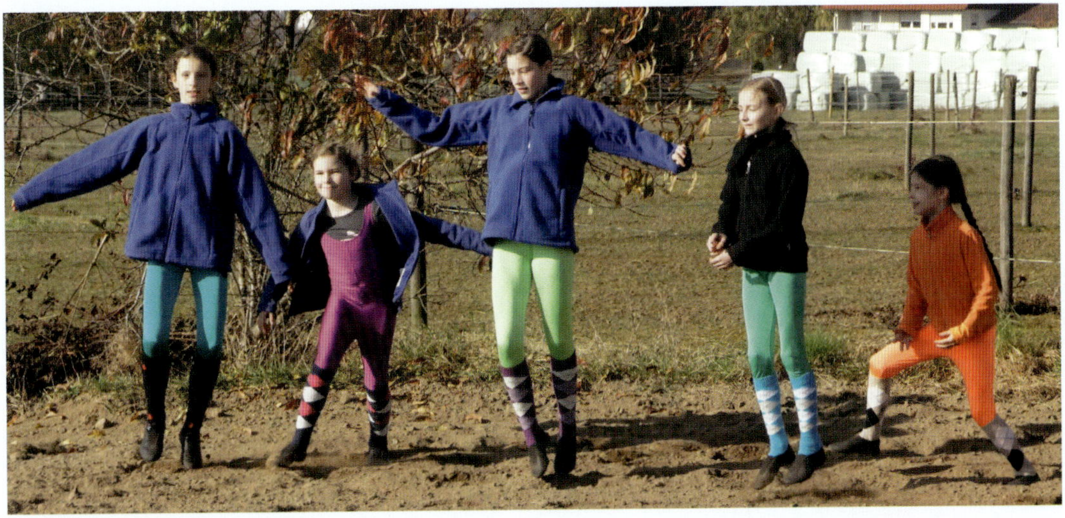

Aufwärmen gehört immer dazu und soll auch Spaß machen.

Voltigierer, wenn sie laufen sollen. Kinder verstehen nicht immer die Notwendigkeit der Erwärmung. Gerade im Breitensport braucht man gelegentlich Überredungskünste, um Voltigierer zum Laufen zu bewegen. Verpackt man das Lauftraining aber in spielerische Formen, haben alle ihren Spaß daran (siehe auch Praxis Aufwärmarbeit).

Nach dem Laufen folgt die große Erwärmung und Lockerung der Muskulatur z. B. durch Armkreise, Hüpfkreise, Sprünge, Fingerbewegungen usw., danach leichte Dehnübungen für Arme und Beine oder gezielt für einen bestimmten Bereich. Auch leichte Kräftigungsübungen für den gesamten Körper oder gezielt für einen bestimmten Bereich sowie Technikschulung schon im Hinblick auf bestimmte Pflicht- oder Kürübungen können mit einbezogen werden.

Die Erwärmung darf niemals eine Überforderung, Überlastung oder Überanstrengung für die Voltigierer sein! Dann sind diese nicht mehr leistungsfähig für die eigentlichen Unterrichtsziele und Aufgaben. Durch die mangelnde Leistungsfähigkeit steigt die Verletzungsgefahr und die Motivation der Voltigierer ist oft auch auf einem

Aufwärmen auch im Sommer

Natürlich müssen die Voltigierer auch im Sommer aufgewärmt werden. Dies ist den schon schwitzend ins Training kommenden Voltigierern nicht ganz einfach zu vermitteln.

Aber Tatsache ist, die Körpertemperatur der Voltigierer nicht der Außentemperatur entspricht. Geschickt muss der Ausbilder sein Aufwärmprogramm verpacken, um alle Voltigierer zum Mitmachen zu motivieren. Das ist gelungen, wenn der Ausbilder es schafft, das Programm so zu gestalten, dass die Voltigierer gar nicht merken, dass sie sich aufwärmen.

Tiefpunkt. Geschickte Planung der Erwärmung, die immer abhängig vom Alter und Leistungsstand der Voltigierer ist, beugt dem vor. Die Intensität der Erwärmung steigt mit der Entwicklung der Voltigierer. Überforderte und überlastete Voltigierer sind zudem eine Qual für jedes Voltigierpferd!

Praktische Aufwärmarbeit: Spielerisches Aufwärmen mit Kindern

Die folgenden Spiel- und Übungsvorschläge können je nach Alter und Leistungsstand der Voltigierer und abhängig vom jeweiligen Stundenziel in die Aufwärmphase integriert werden. Die Organisationsform ist dabei abhängig von der Anzahl der Ausbilder.

Lauftraining, auch mit Musik

Die Musik sollte man schon so schneiden, dass Musik und Pause oder zwei verschiedene Musiken im Wechsel kommen. Das erspart eine zusätzliche Person.

1. Laufen, wenn Musik ausgeht verschiedene Aufgaben wie:

- in die Hocke gehen
- Liegestütz
- Prinzensitz
- Rad schlagen
- Handstand an der Bande
- Standwaage, Fahne usw.

2. Laufen, wenn Musik ausgeht einen oder mehrere Partner suchen, Anzahl per Hand zeigen oder rufen.

3. Laufen, wenn Musik ausgeht einen oder mehrere Partner suchen, Bewegungsaufgabe erfüllen wie:

- Schubkarre
- Partner Huckepack tragen
- Partner auf gekreuzten Armen tragen
- gemeinsam mit nur drei Beinen laufen
- Partner im Vierfüßler tragen usw.

4. Laufen, wenn Musik ausgeht einen oder mehrere Partner suchen, Spiegelbild oder Schatten des Partners spielen.

5. Alle laufen hintereinander, verschiedene Aufgabenstellungen wie z. B.

- der Hinterste läuft Slalom durch die Reihe
- der Vorderste läuft Sprint außenherum,
- bis er wieder hinten anschließt

6. Vorderster oder Hinterster zählt bis zehn und schließt dann hinten bzw. vorne wieder an.

7. Kettenlaufen oder Kettenfangen. Ein Voltigierer beginnt, fängt einen anderen, nun wird zu zweit gefangen, dann zu dritt usw.

8. Lokomotive, hintereinander laufen, springen, hüpfen oder gehen, alle im gleichen Rhythmus, auch wechselweise vorwärts und rückwärts wie z. B. zwei Schritte vorwärts, dann einen rückwärts oder mehrere Gruppen um die Wette.

9. Paarweise zueinander und auseinander laufen, Kreuzlinien oder Schlangenlinien laufen (ähnlich einer Quadrille).

10. Laufen, dabei Hände, Arme, Kopf usw. locker kreisen, dabei vorwärts, seitwärts oder rückwärts laufen.

11. Cavaletti, Bänke, Kisten oder ähnliche Hindernisse stehen in der Halle. Die Voltigierer überwinden diese mit verschiedenen Sprüngen wie Hockwende, Grätschsprung, Schlusssprung usw.

12. Laufen, bei Musikstopp oder auf Kommando

Partner suchen, an den Händen des Partners Sprünge ausführen wie z. B. Hochsprung, Grätschsprung, Schrittsprung, Schersprung usw.
13. Mit Seilen paarweise laufen, diverse Pferdchenspiele (mehr für jüngere Voltigierer). Bei älteren Voltigierern nicht zu kindlich erklären, dann eignet sich diese Erwärmung auch für ältere.

- Verschiedene Gangarten üben
- Pferd muss schweren Wagen ziehen, der Hintere lässt sich nur schwer ziehen
- Pferd läuft nach Anweisung rechts, links, im Kreis usw.
- Seil wird angespannt über den Köpfen gehalten, Voltigierer laufen nebeneinander oder hintereinander, in der Hocke, auf einem Bein usw.
- Voltigierer stehen hintereinander oder sich gegenüber, Seil ist angespannt über den Köpfe, Seil wird vorsichtig abwechselnd rechts und links gezogen

14. Seilspringen ggf. auch zu schneller Musik (Einlaufmusik), wechselnde Aufgaben: beidbeinig mit und ohne Zwischensprung, ebenso einbeinig, mit dem Seil durch die Halle laufen, auf der Stelle mit dem Seil laufen usw.

Übungen mit dem Cavaletti, auf der Bank oder am Kasten

1. Auf dem Cavaletti sitzen, hinter dem Körper festhalten, Beine anheben und halten (geschlossen, gegrätscht, nur ein Bein, anhocken und strecken usw.)
2. Auf dem Cavaletti sitzen und Arme und Beine hochnehmen, oder Arme auf die am Boden stehenden Beine dehnen
3. Übungen 1. und 2. kombinieren
4. Arme hinter den Körper nehmen, Hände fassen sich an, Beine aufstellen oder anheben, Arme nach hinten dehnen
5. Arme seitlich ausstrecken, mit oder ohne Anheben der Beine, Armkreis groß oder nur auf der Stelle, Arme kreisen in dieselbe Richtung oder gegeneinander
6. Arme nach vorne in U-Haltung ausstrecken, Beine sind aufgestellt oder angehoben, Arme hoch und runter nehmen, gleichzeitig oder abwechselnd, Arme gleichzeitig oder abwechselnd nach vorne ziehen
7. Hände oder auch Füße auf dem Cavaletti aufsetzen, Gesäß auf den Boden absetzen und wieder anheben, ggf. Gesäß nicht ganz am Boden absetzen
8. Liegestütz mit den Händen oder Füßen auf dem Cavaletti, halbe Drehungen ausführen nach rechts und links

Seilspringen

Achtung: Seilspringen in der Halle macht vielen Pferden Angst! Pferde müssen daran gewöhnt werden und manche Pferde akzeptieren Seile nie!

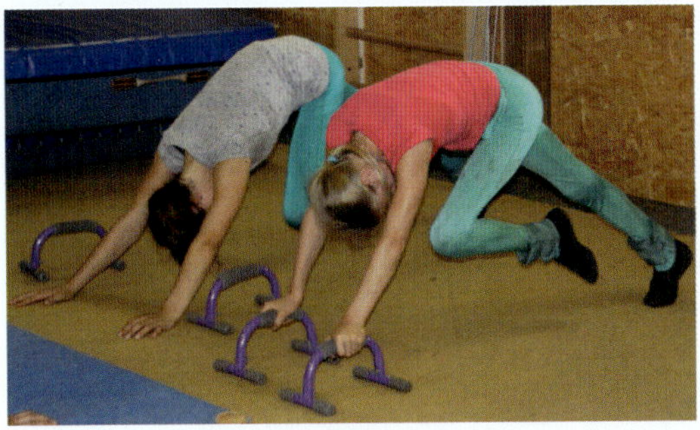

Übung für die Stützkraft und Körperspannung.

Beginnt man mit diesen Übungen, lässt sich die Übungsfolge beliebig erweitern und bleibt so für die Voltigierer abwechslungsreich. Je nach Alter und Können der Voltigierer wählt man die einfache oder schwierigere Variante. Auch innerhalb der Gruppe kann so differenziert werden.

Sprung- und Hüpfkombinationen

Sprung- und Hüpfübungen sind für die Gesunderhaltung der Voltigierer besonders wichtig! Nur trainierte Sprunggelenke können helfen, Verletzungen zu vermeiden. Alle Landungen im Knie- und Fußgelenk abfedern (siehe auch Landetraining)!

1. Wechselsprünge oder Schlusssprünge auf, über oder von der Bank
2. Wechselsprünge oder Schlusssprünge mit Drehungen
3. Hockwende, Aufgrätschen oder Aufhocken auf die Bank
4. Sprungreihe über, auf oder von Hindernissen (mehrere Kartons oder Kisten nacheinander)
5. Springen über ein am Boden liegendes Seil (z.B. eine Strohschnur), Sprünge rechts-links, vorwärts, rückwärts, einbeinig, im Laufen usw.

Übungen an der Wand oder Bande

Die Bande kann für viele Übung verwendet werden. Aufpassen, das Holz der Bande darf keine Gefahr durch Splitter für die Voltigierer darstellen!

1. Dehnen der Arme und Beine an der Bande, auch mit Partnerhilfe
2. Handstand oder Handstandstütz an der Bande
3. Vorderseite des Voltigierers steht zur Bande, gestreckte Arme gegen die Bande drücken und wieder abdrücken
4. Fahne an der Bande, Schulter und Hüfte müssen Bande berühren
5. Ggf. Hängen rückwärts an der Bande, Beine anziehen Richtung Schulter
6. Ggf. Klimmzüge an der Bande

Die Übungen können beliebig erweitert werden.

Reithallen-Zirkeltraining

Auch in der Reithalle lässt sich gut ein Zirkeltraining aufbauen. Die Zeit kann mit der Stoppuhr oder mit einer zusammengeschnittenen CD (Wechsel der Station/Pausenmusik) gemessen werden. Dabei sollte die Dauer dem Alter und Können der Voltigierer angemessen sein. Bewährt haben sich 45 bis 60 Sekunden pro Station und 20 bis 30 Sekunden Pause im Wechsel. Dabei kann die Pause auch aktiv (z. B. ruhiges Laufen durch die Halle) genutzt werden. In der Pause gehen die Voltigierer zur nächsten Station. Die Anzahl der Stationen richtet sich nach der Anzahl der Voltigierer. Es können auch immer zwei Voltigierer an einer Station gleichzeitig oder abwechselnd (ein Voltigierer hat dann immer Pause) arbeiten.

Beispiel für ein Stationentraining in der Reithalle

1. Seilspringen
2. Springen über Hindernisse
3. Wechselsprünge am Cavaletti
4. Handstand an der Bande
5. Handstand am Boden, Bauch zeigt zur Bande,

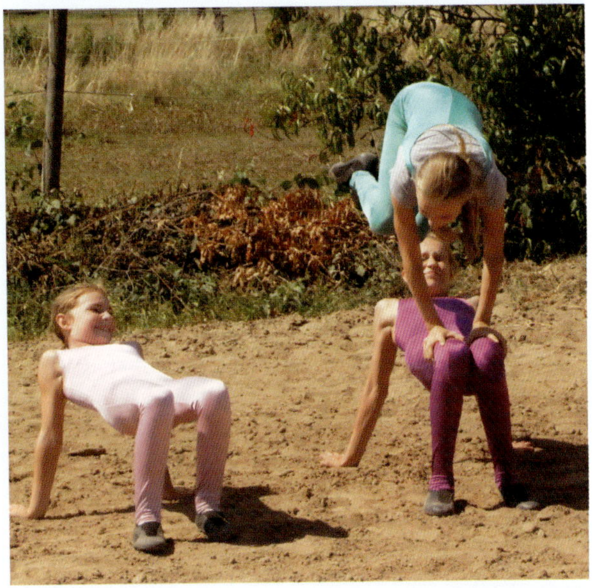

Sprungkraft spielerisch fördern.

mit den Füßen an der Bande hochlaufen.
6. Rechts-/Linkssprünge über einen Strohstrick
7. Festgelegte Strecke mit dem Schubkarren hin und her laufen.
8. Füße auf einen Karton legen, im Kreis mit den Armen um den Karton laufen.
9. Auf dem Boden liegen, Beine angehockt, Springstange über dem Kopf anheben und absenken, ggf. Hilfestellung bei kleinen Voltigierern.
10. Über eine Stange balancieren. Achtung: Stange muss fest am Boden liegen und darf nicht rollen!
11. Voltigierer sitzt am Ende des Cavaletti, Arme seitlich halten, Beine zum Schwebesitz anheben.

Partnerübungen

Schon in der Aufwärmphase kann das Gruppengefühl, die Partnerarbeit, das Miteinander gefördert werden, in dem gezielt paarweise, zu dritt oder in der Gruppe erwärmt wird. Dabei können folgende Möglichkeiten, die beliebig erweiterbar sind, angeboten werden.
1. Beim Lauftraining sind bereits viele Partnerübungen rund ums Laufen beschrieben (siehe dort).
2. Diverse Gymnastikübungen in Partnerarbeit
3. Partner überlegen sich kleine Übungsfolgen (ggf. schon zum Stundenthema wie z. B. Fahne: Fahnen in verschiedene Bewegungsrichtungen mit verschiedenen Arm- und Beinbewegungen) und dürfen diese dann zeigen und die anderen Voltigierer turnen diese nach.
4. Wettläufe oder Staffeln zu zweit wie Schubkarrenrennen, Huckepack tragen, Dinge von A nach B bringen usw.

Dreierübungen

1. Zwei Voltigierer verschränken die Arme, der dritte sitzt oder liegt auf den Armen der beiden anderen. Er wird mit offenen oder auch geschlossenen Augen durch die Halle getragen. Auf Zuruf oder Musikstopp wechseln.
2. Zwei Voltigierer knien, der dritte hüpft, läuft oder steigt über die beiden, kniet sich dann hin und der nächste beginnt. Die Voltigierer können auch in der hohen Bank oder Brücke stehen und der dritte kriecht unten durch oder im Wechsel, einmal oben, einmal unten.
3. Zwei Voltigierer sitzen sich am Boden im Schwebesitz mit geschlossenen oder gegrätschten Beinen gegenüber. Der Dritte springt oder

läuft im Kreis über oder unter den Beinen durch, oder auch im Wechsel. Auf Zuruf oder Musikstopp wechseln.

4. Zwei Voltigierer heben den Dritten, den »Baumstamm« an, legen ihn wieder ab oder tragen ihn durch die Halle. Der »Baumstamm« muss total gespannt sein und sich auf die anderen verlassen können. Wird er nicht richtig gehalten, ggf. fallen gelassen, wird das Vertrauen verloren gehen, deshalb muss diese Übung ernsthaft durchgeführt werden.

5. Eine »Puppe« zwischen zwei Voltigierern hin und her schieben. Auch vorwärts, seitlich oder rückwärts.

6. Salto in den Armen von zwei Partnern. Zwei Partner stehen nebeneinander und halten die Arme gebeugt neben sich. Der dritte kommt von vorne auf sie zu und springt in einen rechten und in einen linken gebeugten Arm der Partner und rollt in den Armen.

7. Handstände, auch Handstand mit Abrollen. Die Partner geben Hilfestellung. Ebenso Brücke, Bogengang vorwärts und rückwärts usw. Die Hilfestellung vorher besprechen.

8. Leichte akrobatische Übungen wie z. B. Stehen, Fahne oder Knien auf zwei knieenden Partnern. Ggf. können die Partner auch in der hohen Bank oder im Stehen sein.

Kreisturnen/Kreisspiele

Beim Kreisturnen und bei den Kreisspielen stehen die Voltigierer, wie der Name schon sagt, im Kreis. Diese können mit oder ohne Pferd durchgeführt werden. Die Pferde müssen an diese Spielform gewöhnt werden. Folgende Möglichkeiten können dabei angeboten werden, die natürlich beliebig erweiterbar sind. (Weitere Ideen auch im Kapitel Voltigierspiele)

1. »Kofferpacken«, ein Voltigierer beginnt mit einer Bewegung (wird mit dem Pferd gearbeitet, beginnt immer das Kind auf dem Pferd), alle machen die Bewegung nach. Das nächste Kind macht diese Bewegung und noch eine neue Bewegung dazu. Alle machen beide Bewegungen nach. Das nächste Kind macht beide Bewegungen und eine neue, und so weiter ...

2. Ball, Tuch oder kleines Stofftier zuwerfen und den Namen eines Voltigierers rufen. Werfer und der aufgerufene Voltigierer tauschen den Platz.

3. Im Kreis Handflächen gegeneinander drücken. Po, Beine und Bauch anspannen. Beide Arme hoch und runter führen.

4. Sitzen, Knien oder Stehen im Kreis. Jedem Voltigierer wird eine Zahl, eine Pferderasse, ein Putz-

Auch der Ausdruck lässt sich sehr gut »im Trockenen« üben.

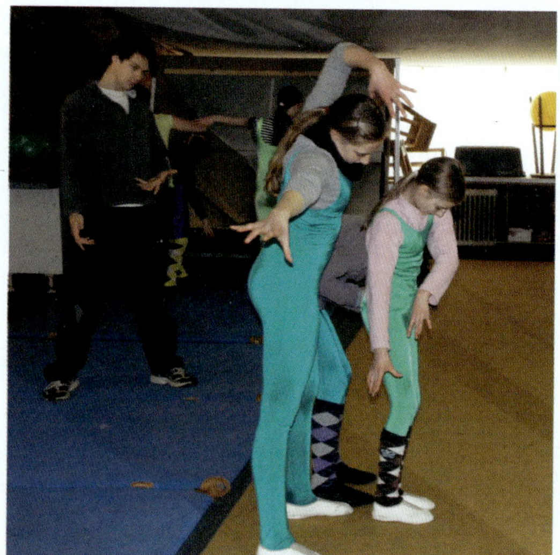

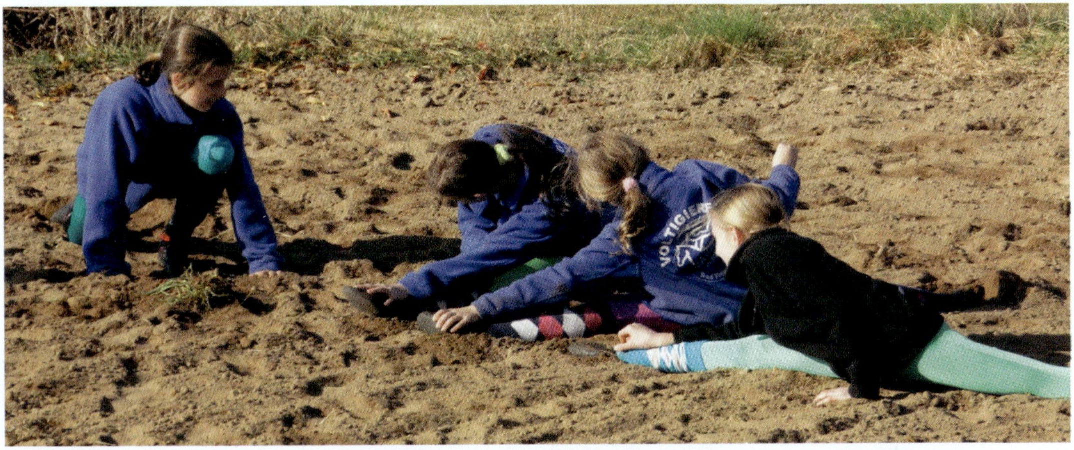

Dehnung und Beweglichkeit sind für viele Voltigierübungen ausschlaggebend.

zeug oder ein Tier zugeordnet. Beim Aufruf läuft der gewählte Voltigierer in die Mitte bzw. geht aufs Pferd und führt eine bestimmte Übung durch.

5. Bauch- oder Rückenlage im Kreis. Gesamter Kreis rollt gleichzeitig in die Bauch- bzw. Rückenlage, kommt in die Hocke, macht einen Strecksprung mit halber Drehung, läuft ganz oder nur wenige Schritte in die Mitte und wieder zurück usw. Dann beginnt die Übungsfolge wieder von vorne. Bei jüngeren Voltigierern nicht zu viele Elemente wählen. Falls ein Voltigierer auf dem Pferd ist, turnt der diese Übungen mit.

6. Voltigierer stehen im Kreis. Voltigierer fassen sich an den Händen oder Schultern und hängen von außen oder innen das rechte oder linke Bein über die Arme. Dabei gerade und ruhig stehen. Wahlweise auch wippen.

7. Voltigierer stehen im Kreis und laufen auf Kommando rechts oder links herum und führen dabei Tierbewegungen oder bestimmte Übungen aus.

Im Quadrat turnen

Voltigierer stehen im Quadrat. An jeder Seite stehen zwei, drei oder vier Voltigierer. Auf Kommando werden verschiedene Aufgaben ausgeführt.

1. Alle Reihen laufen einige Schritte nach links und wieder zurück. Ebenso nach rechts.

2. Füße kreuzen, Schlusssprünge, einbeinig springen, in die Hocke gehen und Strecksprünge, in die Fahne oder Standwaage gehen und Strecksprünge usw.

3. Im Quadrat durchzählen, die geraden Zahlen machen dieselbe Bewegung, ungerade Zahlen machen eine andere

In der Gasse turnen

Voltigierer stehen sich in der Gasse in zwei Reihen gegenüber.

1. Partner arbeiten mit einem Ball oder Tuch, werfen oder rollen ihn sich zu.

2. Partner stehen rückwärts zueinander werfen oder reichen sich den Ball bzw. ein Tuch über

Kopf zu oder rollen ihn sich durch die gegrätschten Beine zu.
3. Ein Voltigierer läuft oder geht durch die Gasse. Die anderen werfen ihm den Ball zu, er wirft wieder zurück, dann wechseln.
4. Eine Seite macht einen Handstand oder andere Übung, zweite Seite Hilfestellung, dann wechseln.
5. Alleine oder als Paar durch die Gasse hüpfen, krabbeln, rollen usw. Wieder anschließend und die nächsten beginnen.
6. Voltigierer nacheinander auf den Armen durch die Gasse tragen.

Formation hintereinander an der kurzen bzw. an der langen Seite

Je nachdem, wie viel Platz in der Halle zur Verfügung steht, wird an der kurzen oder langen Seite gearbeitet.
1. Der erste Voltigierer beginnt mit der Aufgabenstellung. Er bekommt die Aufgaben vom Trainer oder er denkt sich die Übungsfolge selber aus. Z. B. vier Hocksprünge, Strecksprung, vier Hocksprünge, Strecksprung usw. Dann an der gegenüberliegenden Seite aufstellen und ggf. Aufgabe wiederholen oder zurück nur laufen, oder neue Übungsfolge durchführen.
2. Mit möglichst wenigen Schritten an die andere Seite laufen. Zurück noch einen Schritt weniger machen.
3. Bocksprünge

Aufwärmspiele

Wer in Büchern für den Schulsport nachschlägt, wird viele Fang- und Aufwärmspiele darin finden, die sich problemlos in der Reithalle durchführen lassen. Einige der bekanntesten Spiele sind: Brückenfangen, Tier-, Namenfangen, Kettenfangen, Zauberballfangen, Schwarzer Mann, Feuer, Wasser, Sturm, Staffeln mit und ohne Geräte, Katze und Maus, Bäumchen wechsel dich.

Die Pflichtübungen und die dazugehörigen Muskeln und Gelenke

Für jede Pflichtübung werden bestimmte Muskeln und Gelenke beansprucht. Diese gilt es speziell zu trainieren. Übungen hierzu können in vielen Gymnastikbüchern nachgelesen werden.

Der Aufsprung

- Knie- und Sprunggelenke durch Sprungkrafttraining kräftigen
- Armkrafttraining, insbesondere die Zugkraft und Stützkraft

Der Grundsitz (ebenso der Oberkörper beim Knien und Stehen)

- Die Schulter ist das wichtigste Gelenk und muss aktiviert werden
- Rücken- und Schulterblattmuskulatur kräftigen
- Der Gegenmuskel, Brustwirbel, muss gedehnt werden, um Spannung zu erzeugen
- Bauchmuskulatur kräftigen, dadurch kann die Wirbelsäule nicht ins Hohlkreuz kippen, Bauchmuskeln auch dehnen
- Armkrafttraining in die Wegspreizebene
- Handgelenkförderung
- Beine ans Pferd ziehen, dadurch geschlossener Grundsitz
- Zum Heranziehen Muskeln kräftigen

Die Bank und die Fahne

- Hüfte, Schulter, Wirbelsäule mobilisieren
- Hüftbeugemuskel zur Beinstreckung dehnen
- Bauch- und Brustmuskeldehnung für die Biegung
- Besonders das linke Schulterblatt kräftigen
- Ellbogenstreckung, Trizeps
- Oberschenkelstreckung

Quersitz, Mühle und Abgang

- Mobilisierung von Hüfte (Kräftigung des Hüftbeugers), Wirbelsäule (für die Drehung)
- Oberkörperaufrichtung wie beim Grundsitz
- Bauchmuskel
- Oberschenkelkräftigung
- Wadenmuskel kräftigen für die Fußstreckung

Landung

- Fuß- und Kniegelenke für die Landung kräftigen
- Ganzkörperspannung
- Auf- und Niedersprünge

Liegestütz, Stützschwung vorlings, Flanke und Wende

- Mobilisierung von Hüfte, Wirbelsäule (für die Haltefunktion), Ellbogen
- Bauchmuskeln kräftigen (für Stabilität der Wirbelsäule)
- Rückenmuskulatur
- Bein- und Armkraft stärken
- Gesäßmuskel kräftigen

Knien und Stehen

- Oberkörper wie beim Grundsitz
- Beinmuskulatur
- Kniegelenk, Kniebeuger

Schere und Stützschwung rücklings

- Becken-Drehfreudigkeit fördern
- Bauchmuskel
- Hüftbeuger
- Stützkraft der Arme

links: In den meistens Reithallen lassen sich viele Materialien finden, die als Hilfsmittel zum Beispiel für das Krafttraining eingesetzt werden können. rechts: Spielerisches Aufwärmen, gleichzeitig werden Rhythmus und Takt trainiert.

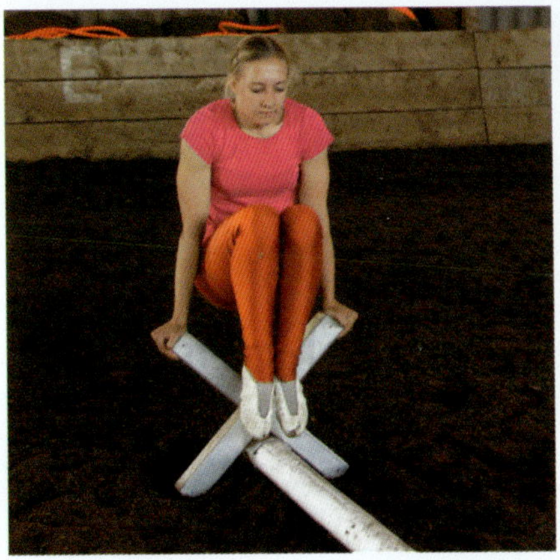

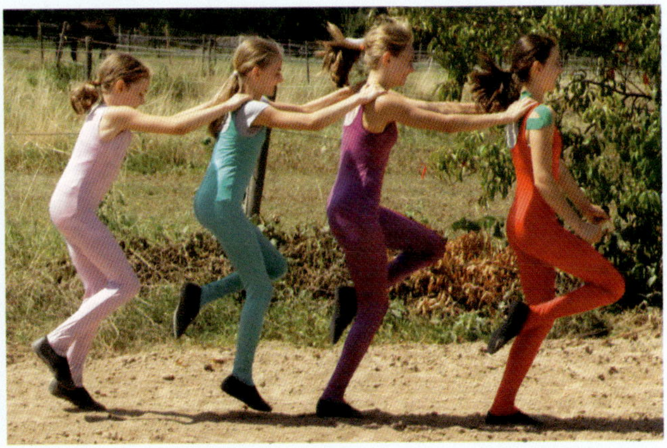

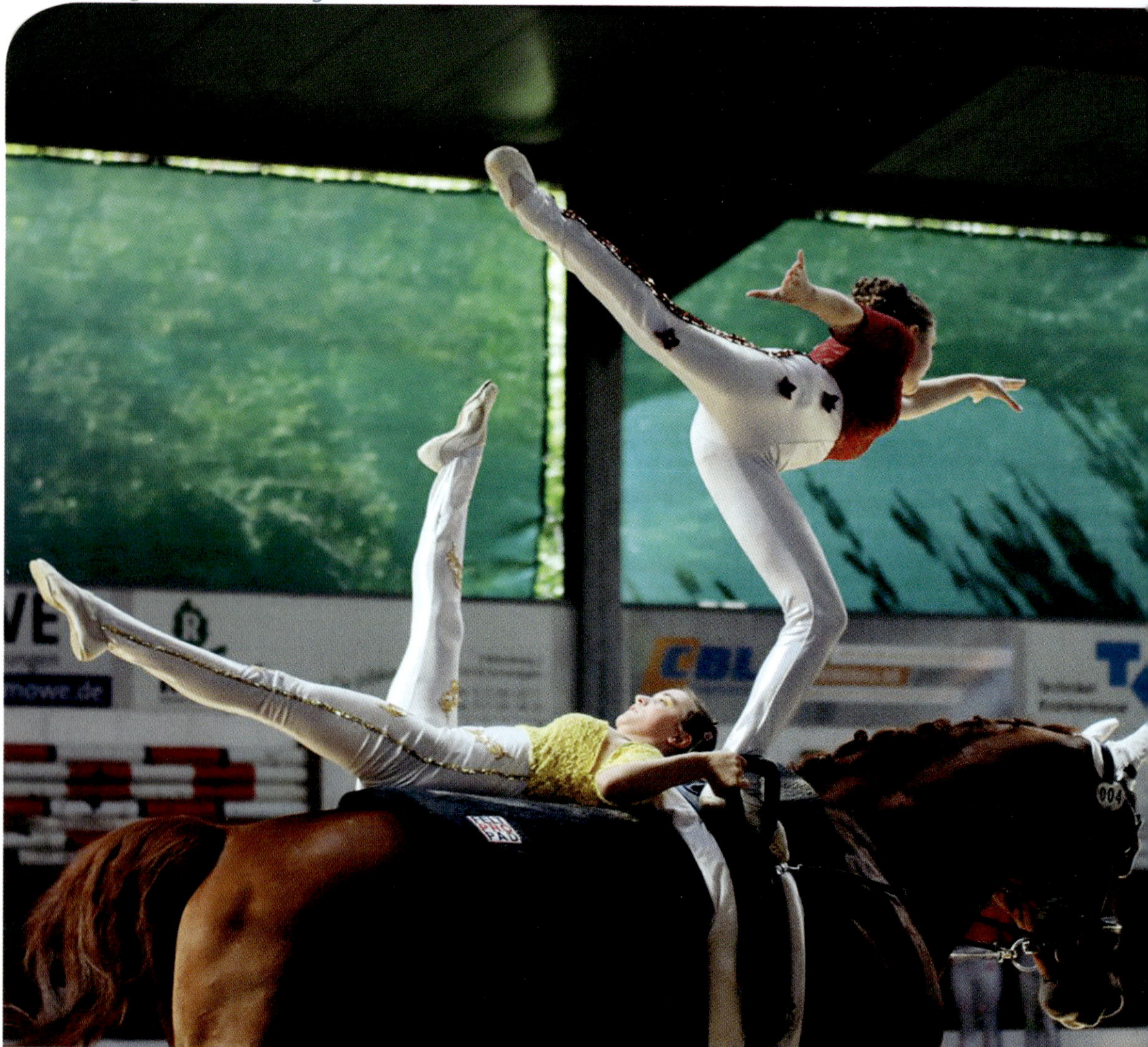

Die Pflicht

Was versteht man unter Pflichtübungen?

Beim Voltigieren wird zwischen Pflicht- und Kürübungen unterschieden. Pflichtübungen sind die Übungen, die jeder Voltigierer bei einem Wettbewerb, so wie es das aktuelle Regelwerk verlangt, zeigen muss. In den niedrigen Leistungsklassen sind dabei die Anforderungen dem Leistungsniveau der Voltigierer angepasst. Es sollen mit den jeweiligen Pflichtübungen sportliche und körperliche Grundlagen erworben werden. Mit den höheren Klassen steigen die Anforderungen an die Voltigierer und die Pflichtübungen werden anspruchsvoller. Dabei bauen die Pflichtübungen aufeinander auf. Das offizielle Regelwerk wird regelmäßig Änderungen unterzogen, deshalb sind hier die Pflichtübungen ohne Leistungsklassenzuordnung aufgeführt. Wer bei Wettbewerben starten möchte, muss sich über die aktuellen Vorschriften informieren, zum Beispiel im Aufgabenheft Voltigieren.

Anlaufen und Mitlaufen im Takt ist Voraussetzung für den Aufsprung.

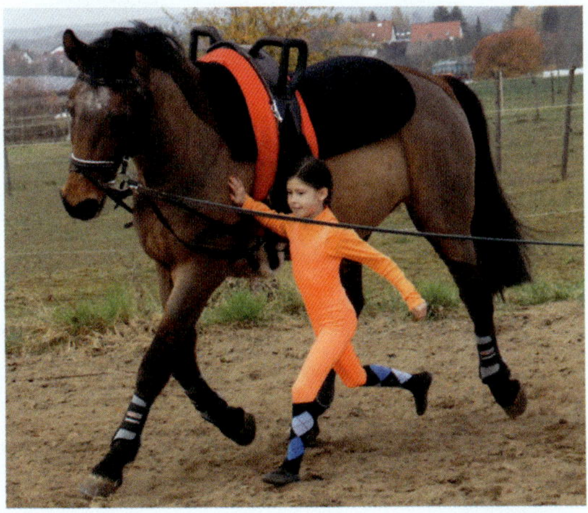

Im folgenden Text werden die Pflichtübungen nicht einzeln, sondern zusammen mit den schwerer werdenden Anschlusspflichtübungen beschrieben. Pflichtübungen können auf der rechten oder linken Hand und im Schritt, Trab oder Galopp geturnt werden. Für Nachwuchsgruppen ist es wichtig, auf beiden Händen und in allen Gangarten zu voltigieren. Nur so ist eine gleichmäßige Grundausbildung möglich. Diese beidseitige Arbeit kommt auch dem Pferd zu Gute. Leistungsvoltigierer voltigieren mehr auf der linken Hand im Galopp, da das Regelwerk dies fordert.

Aufsprung (Nachwuchs- und Leistungsgruppen)

Bei einem Wettbewerb zeigt jeder Voltigierer als erstes den Aufgang aufs Pferd. Der Aufgang ist die Voraussetzung, damit die Voltigierer auf dem Pferd turnen können. Für viele Voltigierer, aber auch für viele Pferde ist dies die schwierigste Übung am Anfang einer Voltigierkarriere. Der Voltigierer muss lernen, im Rhythmus des Pferdes weich und harmonisch aufzuspringen. Das Pferd muss den Voltigierer akzeptieren und ausbalancieren. Mit zunehmender Aufsprunghöhe steigen die Zug- und Druckbelastung auf den Voltigiergurt und damit die Anforderungen ans Pferd. Aufsprungtechnik sollte deshalb nur mit gut ausgebildeten Pferden trainiert werden. Zuerst erfolgt der Aufsprung im Schritt, dann im Trab und zum Schluss im Galopp. Zu Beginn in jeder Gangart mit Partnerhilfe. Im Schritt erfolgt der Aufgang zur Schonung des Pferdes immer mit Hilfe.

Die Belastung des Pferdes wäre sonst zu groß.
Zur Vorbereitung des Aufgangs muss der Voltigierer das Mitlaufen am Pferd in jeder Gangart erlernen. Er muss schon beim Anlaufen möglichst früh den Rhythmus des Pferdes aufnehmen und ohne sich am Pferd festzuhalten, mit Blickrichtung zur Longe, neben dem Pferd gehen, traben oder galoppieren können. Dieses Anlaufen kann auf der rechten oder linken Hand erfolgen.
In der Kür gibt es dann zahlreiche Variationen des Aufsprungs, während in der Pflicht immer zum Vorwärtssitz aufgesprungen wird.

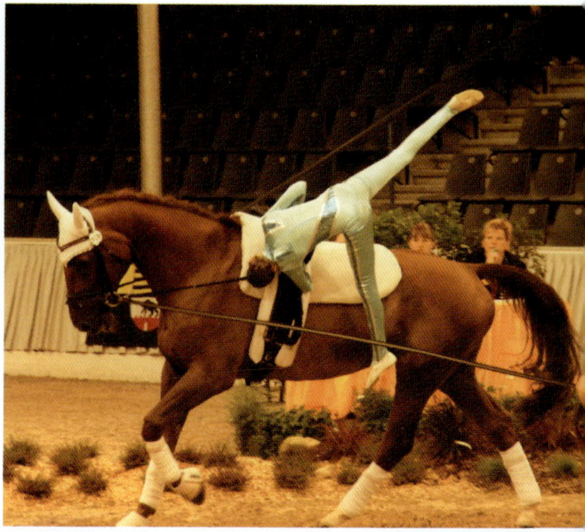

Die Hüfte über Schulterhöhe, Beine gestreckt, gute Bewegungsweite in der Hüfte – danach folgt das weiche Einsitzen direkt am Gurt.

Bewegungsbeschreibung Aufsprung Nachwuchsgruppen

Der Voltigierer läuft im Rhythmus des Pferdes in Höhe der Pferdschulter mit. Der Bauch und die Schultern des Voltigierers zeigen dabei zur Longe, er schaut geradeaus. Je nach Größe des Voltigierers und nach Größe des Pferdes fasst er einen oder beide Griffe mit beiden Händen an. Dabei ist die Grifftechnik freigestellt.
Aus dem Mitgaloppieren springt der Voltigierer mit beiden Beinen energisch ab. Seine Schulter- und Hüftachse sollen dabei möglichst parallel zur

Verschiedene Grifftechniken, die je nach Gurt und Größe des Voltigierers variieren.

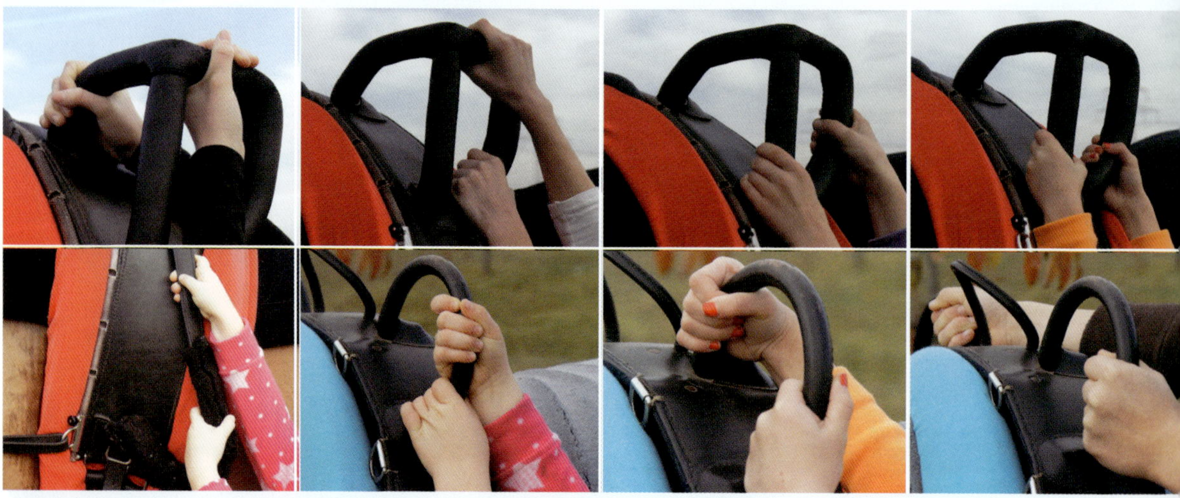

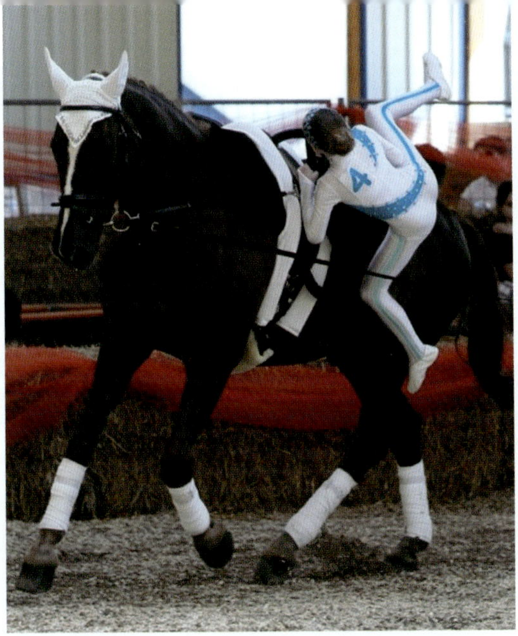

Hier sollten die Beine gestreckt und der Oberkörper nicht Richtung Pferd gedreht werden.

Schulterachse des Pferdes bleiben, der Bauch soll also nicht zum Pferd gedreht werden. Nun beugt er die Hüfte und schwingt das äußere Bein nach oben, das innere Bein bleibt gestreckt am Pferd. Gleichzeitig zieht er mit den Armen sein Becken möglichst hoch über den Pferderücken. Das Becken soll dabei höher als die Schulter sein. Er senkt das gestreckte rechte Bein außen am Pferd ab und sitzt weich und geschmeidig dicht am Gurt ein. Der Oberkörper richtet sich auf in die korrekte Sitzposition. Beide Beine liegen jetzt am Pferdebauch.

Bewegungsbeschreibung Aufsprung Leistungsgruppen

Voraussetzung für eine fortgeschrittene Aufsprungtechnik ist, dass die Körpergröße des Voltigierers und die Pferdegröße zueinander passen. Weiterhin muss der Voltigierer über ausreichende Sprung- und Armkraft verfügen. Auch die Bewegungsweite in der Hüfte muss gegeben sein.
Bei Leistungsgruppen soll nun nach dem Absprung das Becken deutlich höher, nahezu senkrecht über die Schultern gezogen werden. Die Arme stützen in der Stemmphase am höchsten Punkt senkrecht über den Griffen. Das äußere Bein schwingt nadelartig möglichst hoch, das innere Bein bleibt am Pferd am Gurt. Erst am höchsten Punkt erfolgen das Absenken des Beines und das weiche und geschmeidige Einsitzen wie bei den Nachwuchsgruppen beschrieben.

Hauptkriterien für den Aufsprung (siehe auch LPO und Richtlinien Voltigieren)

- **Höhe und Lage des Schwerpunktes:** Der Körperschwerpunkt ist ein gedachter zentraler Punkt im Körper. Er befindet sich im aufrechten Stand mit herabhängenden Armen etwa in Hüfthöhe im Körperinneren. Beim Voltigieren ist er wichtig, weil dort bei jeder Bewegung die Schwerkraft ansetzt. Jede Veränderung des Körpers bringt eine veränderte Lage des Körperschwerpunktes mit sich. Deshalb gibt es im Gegensatz zu starren Körpern beim Menschen keinen festen Körperschwerpunkt. Beim Voltigieren ist er abhängig von der Körperposition und der Masseverteilung im Körper des Voltigierers, aber auch von der Bewegung des Pferdes. Für den Aufsprung heißt das, das Becken muss möglichst hoch über dem Pferderücken sein, ebenso das äußere Bein.
- **Koordination:** Neben der Höhe von Becken und Bein muss der Voltigierer dicht am Gurt einsitzen. Dabei ist die Koordination und Harmonie mit dem Pferd und seiner Bewegung wichtig.

Häufige Ausführungsfehler beim Aufsprung

- Voltigierer nimmt den Rhythmus des Pferdes nicht auf
- Körperachse nicht parallel zur Longe,
- Bauch zeigt zum Pferd
- Voltigierer stört das Pferd beim Mitlaufen durch falschen Rhythmus oder er lässt sich hinterherziehen
- Oberkörper dreht beim Absprung zum Pferd
- Absprung erfolgt im falschen Moment, im falschen Rhythmus
- Einbeiniger Absprung oder aus dem falschen Galopp
- Äußeres Bein schwingt unzureichend nach oben oder gleich nach außen
- Äußeres Bein landet hart auf dem Pferderücken
- Bein und Zehe nicht gestreckt
- Zugkraft der Arme fehlt oder ist nicht ausreichend
- Voltigierer hängt mit dem gesamten Gewicht am inneren Griff
- Landung auf dem Pferderücken ist hart
- Einsitzen nicht dicht am Gurt
- Kein flüssiger Bewegungsablauf

Zusatzübungen am Pferd, Turnpferd und Boden

Da Übungen zur Aufsprungtechnik sehr belastend für das Pferd sind, sollten viele Zusatzübungen am Turnpferd oder am Boden erfolgen. Nur erfahrene Voltigierer und Pferde verbessern den Aufsprung am Pferd. Die körperlichen Voraussetzungen der Voltigierer für eine optimale Ausführung können gut am Turnpferd und am Boden geschult werden. So wird das Pferd entlastet. Nachfolgende Übungen eignen sich fürs Pferd oder Turnpferd. Einige Übungen werden nur am Boden geübt.

1. Übungen am Boden

- Pferdchenspiele allein/zu zweit/zu mehreren
- Gangarten der Pferde üben, auch mit Seilen
- Fußabrollen vom Fußballen bis zur Ferse im Stand oder beim Gehen
- Übungen auf dem Balancierbrett
- Springen im Minitrampolin oder Sprungbrett
- Seilspringen allein oder in der Gruppe, auch mit großem Seil und zur Musik
- Seilspringen mit Bewegungsaufgaben wie z. B. den Boden berühren, auf einem Bein springen, sich beim Springen drehen usw.
- Sprungreihen mit Cavalettis, Stangen, Karton
- Auch mit Zusatzaufgaben wie nach jedem Sprung einen Strecksprung, abwechselnd vorwärts und rückwärts, nach jedem Sprung einen Ball hochwerfen oder fangen
- Hindernisse zur Musik oder in einem bestimmten Rhythmus überwinden, ggf. auch mit Zwischensprüngen oder Zwischenübungen (Hindernis der Größe der Voltigierer anpassen)
- Laufen in der Weichbodenmatte, auch Seilspringen in der Matte
- Springen von rechts nach links über ein am Boden liegendes Seil, über eine Langbank, übers Cavaletti
- Auch Variationen wie Rad von rechts nach links und zurück, oder beim Sprung Hochschwingen bis zum Handstand, in bestimmtem

Beanspruchte Muskelgruppen beim Aufsprung

- Fuß- und Kniegelenke
- Beinmuskulatur
- Schultermuskulatur
- Bauchmuskulatur
- Hüftbeuger

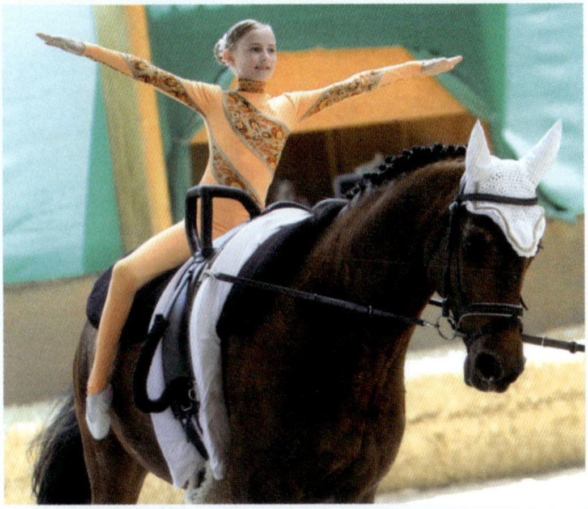

Ein korrekter Grundsitz mit guter Haltung.

Rhythmus auch mit Zwischensprüngen, auch einbeinig

- Für ältere Voltigierer eignen sich auch Übungen aus dem Lauf-ABC und dem Sprung-ABC aus der Leichtathletik wie z. B. Skippings, Schwebeschritte oder Prellfedern
- Am Cavaletti, an der Langbank, am Kasten, am kleinen Turnpferd Aufschwingen in den Handstand, auch einbeinig

2. Übungen am Turnpferd oder Pferd

- Sprungübungen am Turnpferd, wie verschiedene Aufgänge, z. B. ins Knien, in die Fahne, in den Querlieger, ins Stehen ...
- Aufgänge als Bodensprünge
- Aufgänge in bestimmtem Rhythmus, z. B. 1-2-hopp,1-2-hopp ...
- Aufsprung mit Partnerhilfe oder Trampolin
- Am Pferd anlaufen im Schritt, Trab und Galopp, ggf. Pferd klopfen
- Am Turnpferd Aufsprung in den Schulterstand vorwärts, Kopf dabei innen
- Am Turnpferd Aufsprung in die Standwaage
- Aus der Fahne, der Standwaage oder dem Liegestütz in der Schulterstand schwingen, auch einbeinig
- Von hinten ans Turnpferd anlaufen und aus der Bewegung den Aufsprung ausführen

Freier Grundsitz

Der korrekte Sitz (Grundsitz vorwärts) ist die Ausgangsposition für viele weitere Übungen. Ihn zu erlernen ist Voraussetzung, damit der Voltigierer harmonisch im Gleichgewicht und Rhythmus des Pferdes turnen kann. Deshalb ist es wichtig, genügend Zeit und vielfältige Übungsangebote anzubieten, um den korrekten Sitz zu erlernen. In allen Leistungsklassen für Turniergruppen, aber auch im Breitensport gehört der Freie Grundsitz zu den Pflichtübungen, die im Galopp, Trab oder Schritt gezeigt werden können.

Bewegungsbeschreibung Freier Grundsitz

Der Voltigierer sitzt im tiefsten Punkt hinter dem Gurt. Dabei sollen beide Gesäßknochen belastet werden. Das Becken und die Hüfte schwingen in der Bewegung des Pferdes mit. Der gesamte Oberkörper und der Rücken sind aufrecht. Der

Kopf bleibt oben mit Blickrichtung nach vorne. Die Beine liegen mit langem Knie und gestreckten Fußspitzen am Pferdebauch. Die Ferse zeigt dabei nach hinten und die Kniescheibe nach vorne. Dabei bilden Kopf, Schulter, Hüfte und Fuß eine senkrechte Linie. Die Arme sind gespannt in Seithalte in Verlängerung der Schulterachse. Die geschlossenen Fingerspitzen sind in Augenhöhe. Der Ellbogen ist gestreckt und die Schultern bleiben tief. In Nachwuchsgruppen kann die Armhaltung variieren, z.B. die Hände in der Hüftbeuge.
Der Voltigierer geht harmonisch in der Bewegung des Pferdes mit. Die Übung muss bis vier (Galoppsprünge, Trabtritte oder Schritte) ausgehalten werden. Damit die Übung wirklich lange genug ausgehalten wird, zählen die Voltigierer bis fünf. Das gilt für alle statischen Pflichtübungen.

Hauptkriterien für den Grundsitz (siehe auch LPO und Richtlinien Voltigieren)

■ Balance in der Bewegung des Pferdes

Das heißt: Der Voltigierer soll sich in jeder Gangart harmonisch und rhythmisch der Bewegung des Pferdes anpassen. Gerade unerfahrene Voltigierer verspannen sich und arbeiten somit gegen das Pferd. Weder für die Voltigierer noch für das Pferd ist das besonders angenehm. Durch intensive Sitz- und Rhythmusschulung kann das Problem behoben werden.

■ Haltung

Kinder und Jugendliche verfügen oft über wenig Rumpfmuskulatur und Ganzkörperspannung. Die aufrechte Haltung von Oberkörper und Kopf im Einklang mit der Bewegung des Pferdes ist das Hauptziel.

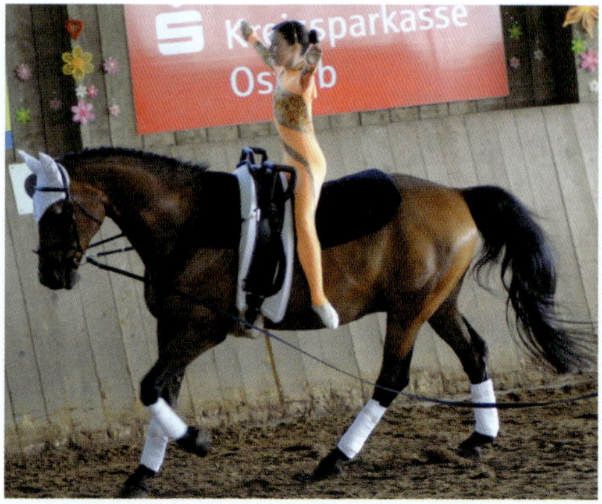

Hier ist der Oberkörper schon in guter Haltung, doch die Voltigiererin sitzt im Spaltsitz, die Beine sind verdreht.

Zusatzübungen am Pferd oder Turnpferd

- Sitzen vorwärts, seitwärts, rückwärts in allen Gangarten, dabei Pferd überall abklopfen. Fördert unter anderem das Gleichgewicht, das Bewegungsgefühl, das Rhythmusgefühl, die Orientierungsfähigkeit und den Angstabbau.
- Sitzen mit Bewegungsaufgabe oder Rätseln. Fördert vor allem Sicherheit und den Angstabbau, Voltigierer lösen die Hände von den Griffen, um Bewegungsaufgabe umzusetzen.
- Tier, Beruf, Tätigkeit darstellen, Pantomime.
- Mütze, Schal, Handschuhe an- bzw. ausziehen, ggf. auch nach Zeit oder zu Musik.
- Augen geschlossen: Zeit/Länge abschätzen (z. B. eine Zirkelrunde).
- Andere Kinder durch Berührung erkennen.
- Geräusche erkennen.
- Bestimmte Körperteile anfassen, Aufgabe: Fasse deine Nase und den Mund an, oder: eine Hand ans Knie, die andere Hand an den Po.
- Koordination/Rhythmusschulung mit verschiedenen Bewegungen (z. B. bei eins klatschen, bei zwei rechten Arm nach oben nehmen, bei

Häufige Ausführungsfehler beim Freien Grundsitz

- Hochgezogene Knie
- Hochgezogene Schultern oder zu weit vorne
- Stuhl- oder Spaltsitz
- Sitz zu weit hinter dem Gurt
- Hohlkreuz
- Rundrücken, mangelnde Aufrichtung
- Spannungsprobleme im Bauch, den Armen oder den Beinen
- Ausgedrehte Beine oder Füße
- Fehlerhafte Kopf-, Arm- oder Handhaltung
- Schiefer Sitz, Einknicken in der Hüfte

Ausführungsfehler können verschiedene Gründe haben, z. B. **Angst oder Unsicherheit**: Dies führt dann zum Klammern mit den Unterschenkeln, hochgezogenen Beinen oder dazu, dass das Loslassen der Arme noch nicht möglich ist. **Fehlende körperliche Voraussetzungen**: Zu schwache Bauch- oder Rückenmuskulatur: Voltigierer sitzt auf dem Oberschenkel oder Rundrücken. **Angeborenes starkes Hohlkreuz**: Voltigierer lehnt sich mit dem Bauch am Gurt an. Diese können durch verschiedene Zusatzübungen am Boden, am Pferd oder Turnpferd korrigiert werden.

- Kleine Geschichten darstellen: z. B. Ballerina, alte Oma, Baby, Cowboy mit Lasso, König usw. Fördert losgelassenen und entspannten Sitz, Angstabbau.
- Spiele mit Ball, Tuch, Mütze usw. (Hochwerfen und wieder fangen, zuwerfen, abwerfen usw.). Fördert neben dem losgelassenen und entspannten Sitz und dem Angstabbau auch den Gruppenzusammenhalt und die Kontakte zu anderen Teammitgliedern.
- Lieblingswort oder Namen buchstabieren, Lied singen, Gedicht aufsagen, Reime fortsetzen.
- Armkreise in allen Gangarten, wahlweise ein oder zwei Arme, bzw. gegengleich.
- Spiele mit allen Voltigieren an der Zirkellinie (im Schritt, Trab oder Galopp) wie z. B.
  - Versteckte Pferdesachen erraten: Kinder zeigen dem Kind auf dem Pferd zuerst ihren Gegenstand und verstecken ihn dann hinter dem Rücken. Das Kind auf dem Pferd muss nun beim Vorbeireiten alle Gegenstände erraten
  - Außenkinder versuchen, dem reitenden Kind Wäscheklammern an die Kleidung zu heften
  - Bäumchen wechsel dich! Voltigierer stehen am drei linken Arm nach oben nehmen, bei vier Armkreise rückwärts, danach beide Hände zum Griff, dann von vorne). Fördert das Bewegungs- und Rhythmusgefühl fürs Turnen auf dem Pferd. Kann auch zu verschiedenen Musiken durchgeführt werden.

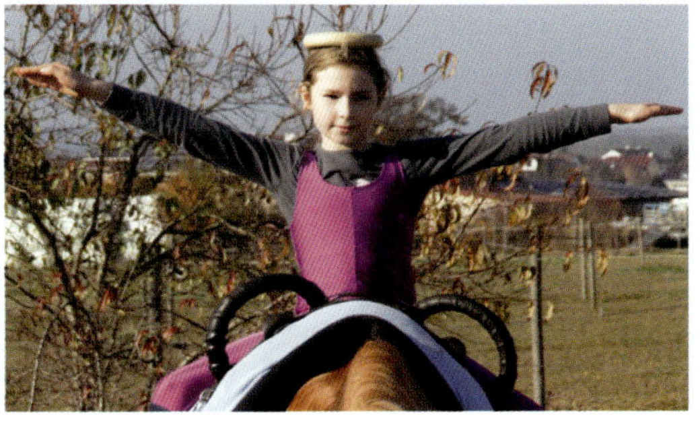

Zusatzübung: Sitzen mit einem Reifen auf dem Kopf. Das Pferd muss natürlich vorher daran gewöhnt werden, falls der Reifen einmal fällt.

Beanspruchte Muskelgruppen beim Freien Grundsitz

- Ganzkörperspannung
- Rücken- und Bauchmuskulatur
- Hals-, Arm-, Schultermuskulatur
- Gesäßmuskulatur
- Ober- und Unterschenkelmuskulatur

Zirkel, auf Anweisung wechseln sie ihren Standplatz. Reitender Voltigierer hält beim Wechsel Augen geschlossen und muss nach der Platzwahl herausfinden, wo jeder ursprünglich stand.

- Zettel an die Kinder am Rand verteilen oder einsammeln.

Gymnastische Zusatzübungen

- Körperspannungsübungen
- Krafttraining für den gesamten Rumpf
- Bauchmuskelübungen
- Becken- und Hüftbeweglichkeitsübungen (auch ohne Pferd, Hüftbeuger dehnen)
- Gleichgewichtsübungen (Balancieren, Zehenspitzenstand, auch mit geschlossenen Augen und/oder Gegenstand auf dem Kopf)
- Haltungsübungen auch mit Armbewegungen (Weitere Übungen auch im Gymnastikteil)

Bank und Fahne (mit/ohne Arm)

Die Fahne gehört in allen Leistungsklassen für Turniergruppen, aber auch im Breitensport zu den Pflichtübungen. Sie wird je nach Anforderungen im Galopp, Trab oder Schritt gezeigt. Zu Beginn

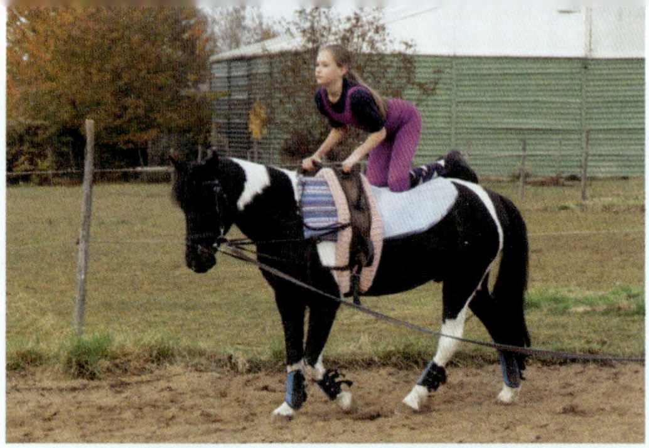

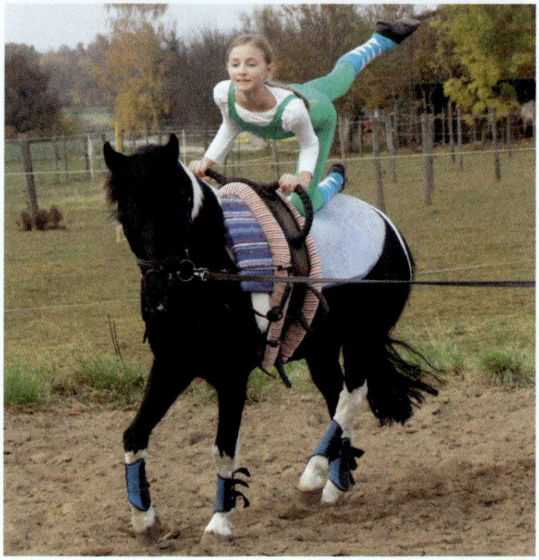

oben: Korrekte Bankposition vor der Fahne.
unten: Die Bank-Fahne.

wird nur die Bank geturnt, dann das Bein ausgestreckt – die Bank-Fahne –, bei fortgeschrittenen Voltigierern kommt der diagonale Arm dazu.

Bewegungsbeschreibung Bank und Fahne

Der Voltigierer kniet aus dem Sitz beidbeinig zur Bank auf. Die Arme sind dabei gebeugt, die Ellbogen am Körper. Auf einer Bank kann man sitzen, also sind Oberkörper und Po auf einer Höhe (keine schiefe Ebene). Die Unterschenkel liegen flach und diagonal zur Wirbelsäule des Pferdes auf. Dabei liegen die Knie rechts und links an der

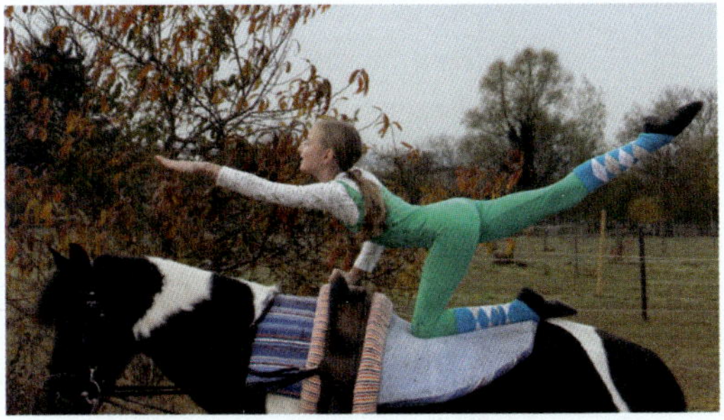

Die Fahne mit diagonalem Arm.

Wirbelsäule und die Füße beide auf der äußeren Seite. Schulter und Hüfte bilden eine waagerechte Linie. Das ist die Bank. Dann wird das äußere Bein nach hinten ausgestreckt. Das Becken wird dabei nicht ausgedreht. Das ist die Bank-Fahne.

Für die Fahne mit Arm wird der innere Arm gestreckt nach oben und vorne ausgestreckt. Die Schulterachse bleibt dabei parallel und senkrecht über den Griffen.

Von der inneren Hand über den Arm, Schulter, Rücken, äußeres Bein und den Fuß bildet sich eine gleichmäßige, leicht gebogene Linie ohne Knick im Rücken. Fortgeschrittene strecken das Bein und den Arm gleichzeitig aus (linke Hand: rechtes Bein/linker Arm und rechte Hand: linkes Bein/rechter Arm). Die Übung muss bis vier (Galoppsprünge, Trabtritte oder Schritte) ausgehalten werden. Damit die Übung wirklich lange genug ausgehalten wird, zählen die Voltigierer sicherheitshalber bis fünf.

Hauptkriterien für Bank und Fahne
(siehe auch LPO und Richtlinien Voltigieren)

- **Gleichgewicht**

Häufige Ausführungsfehler bei Bank und Fahne

- **Bankposition**
  - nicht korrekt
  - Knie zu dicht am Gurt/zu weit hinten
  - hartes Aufknien
  - Oberkörper zu hoch oder zu tief
  - Ellbogen zeigen nach außen
  - Hohlkreuz
- **Schulter**
  - hochgezogen
  - zu tief
  - zu weit vorne oder hinten
- **Arm**
  - zu tief
  - zu hoch
  - nicht gestreckt
  - zeigt nach innen
- **Kopf**
  - hinter dem Arm
  - zwischen den Schultern
  - Kinn überstreckt
- **Bein**
  - zu tief
  - zu hoch
  - nicht gestreckt im Knie oder Fuß
  - zeigt nach außen
- **Hüfte**
  - ausgedreht
  - Knick in der Hüfte
  - verdrehte Längsachse
- **Knieender Unterschenkel**
  - liegt zu schräg
  - rutscht nach innen
  - liegt nicht ganz auf
  - Knie bohrt in den Pferderücken
  - ungleichmäßige Gewichtsverteilung

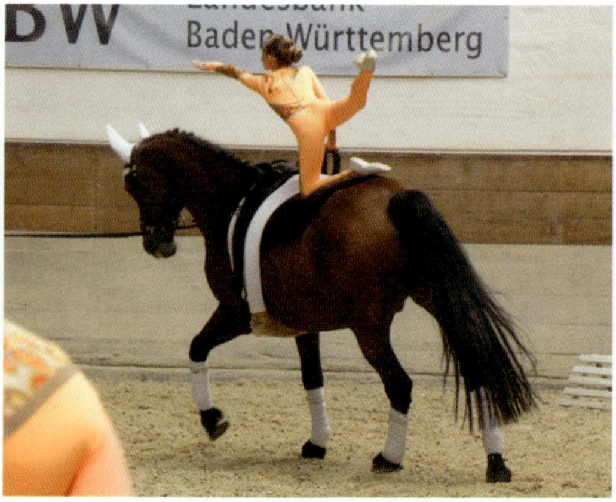

Bei dieser Fahne ist der Oberkörper zu hoch, das Knie ist noch etwas krumm.

Das heißt: Der Voltigierer soll durch eine gute Federung mit dem Stützarm und -bein eine ruhige und ausbalancierte Fahne zeigen. Die Oberlinie bleibt dabei ruhig.

- **Bewegungsweite im Hüftgelenk und ggf. auch im Schultergelenk**

Das heißt: Bei einer optimalen Bewegungsweite im Hüft- und ggf. auch im Schultergelenk kann der Voltigierer die Fahne mit eingedrehter Hüfte bzw. Becken zeigen. Die Schulter bleibt tief und parallel über den Griffen.

Zusatzübungen am Pferd oder Turnpferd

- Fahne in verschiedenen Bewegungsrichtungen vorwärts, seitwärts, rückwärts, auf dem Hals, in der Schlaufe in allen Gangarten mit oder ohne Arm. Fördert unter anderem das Gleichgewicht, das Bewegungsgefühl, das Rhythmusgefühl, die Orientierungsfähigkeit und den Angstabbau.
- Fahne mit Arm auf dem Rücken, ggf. auch beide Arme auf den Rücken nehmen. Verbessert die Schulterbeweglichkeit und die Stützkraft im Arm.
- Kleinen Ball zwischen die Knie klemmen, Knie ohne Ballverlust anheben und halten, dann wieder absenken. Die Voltigierer lernen so, den ganzen Unterschenkel zu belasten
- »Ente« aus der Bank-Fahne: Voltigierer senken den Oberkörper zum Hang am Hals, wieder aufrichten, abwechselnd mit rechtem und linkem Bein. Voltigierer üben so das Beugen der Ellbogen und erlernen die optimale Position.
- Bank-Fahne, rechtes Bein ausstrecken, nach unten absenken und mit Schwung wieder hoch nehmen, am höchsten Punkt das Bein wechseln und mit dem linken Bein weich landen, wiederholen. Diese Übung sollte auf dem Turnpferd perfekt beherrscht werden, bevor sie evtl. auf dem Pferd durchgeführt wird.
- Umsteiger von der Fahne auf dem Rücken zur Fahne auf dem Hals mit Beinwechsel.
- »Kofferpacken« mit der Fahne: 1. Voltigierer turnt eine Fahne in ausgewählter Bewegungsrichtung, 2. Voltigierer turnt diese und eine weitere Fahne, jeder Voltigierer erweitert die Aufgabe, auch die Armhaltung kann geändert werden.
- Fahne, Bein ausstrecken, ggf. auch Arm, Bein und Arm unter dem Körper zusammen rollen und

Beanspruchte Muskelgruppen bei der Fahne

- Rücken- und Bauchmuskulatur,
- Rumpfstabilität
- Hüftstrecker und Hüftbeuger
- Gesäßmuskulatur
- Schultergürtelmuskulatur

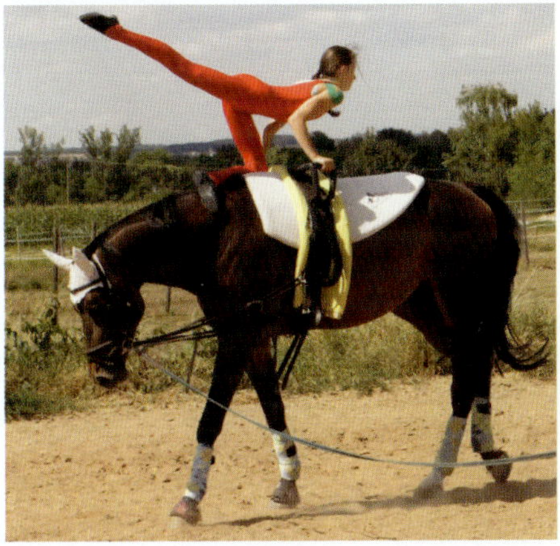

Die Fahne auf dem Hals eignet sich gut als Zusatzübung.

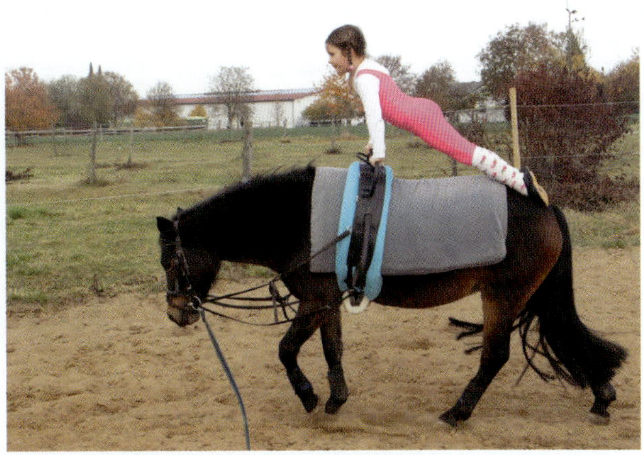

Ein schön gespannter Liegestütz.

wieder ausstrecken. Fördert das Gefühl für die Schulterhöhe und die Rückenposition.

- Bank-Fahne oder Fahne mit Arm, die anderen Voltigierer werfen Tuch, Ball oder Sandsäckchen über das Bein oder den Arm, ohne diesen zu berühren. Fördert die Haltekraft.

Gymnastische Zusatzübungen

- Stützkraft rechter Arm: Klimmzüge, Liegestütze auch einarmig
- Krafttraining für den gesamten Rumpf
- Bauchmuskelübungen
- Becken- und Hüftbeweglichkeitsübungen: Stand, Ferse an den Po, Hüfte nach hinten strecken; Prinzensitz, Gewicht auf vorderes Bein, Ferse an den Po ziehen und Hüfte strecken
- Gesäßmuskulatur kräftigen: Fahnebein gegen Widerstand hochheben
- Schultermuskulatur kräftigen und dehnen: Fahnearm nach hinten ans Schulterblatt beugen, am Ellbogen nach hinten dehnen

Liegestütz

Der Liegestütz ist eine Pflichtübung für die Nachwuchsklassen und den Breitensport. Er kann je nach Anforderungen im Galopp, Trab oder Schritt gezeigt werden. Er dient der Vorbereitung aller Schwungübungen. Im statischen Liegestütz können die Voltigierer ihre Haltekraft und Ganzkörperspannung verbessern, die später in den dynamischen Schwungübungen vermehrt gebraucht werden.

Bewegungsbeschreibung Liegestütz

Der Liegestütz wird aus der Bank-Fahne aufgebaut. Zuerst wird das gestreckte äußere Fahnebein, dann das innere Bein auf der Kruppe aufgelegt. Die Beine sind gestreckt und geschlossen, die Füße liegen ebenfalls gestreckt mit dem Fußrist auf. Die Schultern schieben sich dabei nach vorne über den Gurt. Der Kopf wird in Verlängerung der Wirbelsäule mit Blickrichtung zum Pferdehals gehalten. Kopf, Schulter, Gesäß und Füße bilden eine gerade Linie. Das Gewicht liegt dabei

vermehrt auf den Schultern und Armen und fängt die Bewegungen des Pferdes ab. Der Liegestütz muss bis vier (Galoppsprünge, Trabtritte oder Schritte) ausgehalten werden, sicherheitshalber bis fünf.
Abgebaut wird der Liegestütz mit dem Einbücken zum Sitz. Dabei verlagert der Voltigierer das Gewicht noch mehr auf die Arme und zieht die gestreckten Beine ohne Schwung Richtung Gurt. Die Hüfte wird soweit gebeugt, bis die Beine am Gurt sind. Dann werden sie geöffnet und die Füße gleiten rechts und links zum Sitz ein.
Der Voltigierer baut den Liegestütz also aus der Bank-Fahne auf. Er legt seine Beine nacheinander gestreckt auf den Pferderücken. Wichtig dabei ist, dass die Füße gestreckt und flach aufliegen. Manche Pferde reagieren empfindlich, buckeln sogar, wenn die Fußspitzen unsanft in den Rücken bohren. Schwierig wird es auch, wenn die Größe des Pferdes und die Größe des Voltigierers nicht zusammen passen. Ist der Voltigierer zu groß, bzw. sind die Beine zu lang, findet der Voltigierer nur schwer die richtige Auflagefläche, ggf. liegt nicht der Fußrist auf, sondern das Schienbein.
Beim Erlernen des Liegestützes kann er auch aus dem beidbeinigen Knien aufgebaut werden. Der Voltigierer schiebt dabei beide Beine nach hinten auf die Kruppe, bis sie gestreckt und geschlossen aufliegen. Für unerfahrene Voltigierer bietet das Einbücken besondere Schwierigkeiten. Zu Beginn reicht es vorerst, die gestreckten Beine zu öffnen und weich und pferdeschonend in den Sitz einzugleiten. Zunehmendes Training bringt die Voltigierer der Optimalform näher. Erreichen die Voltigierer die gerade Linie von Kopf, Schulter, Gesäß und Füßen im Liegestütz noch nicht, ist es besser, das Gesäß etwas höher zu halten, anstatt im Hohlkreuz zu hängen.

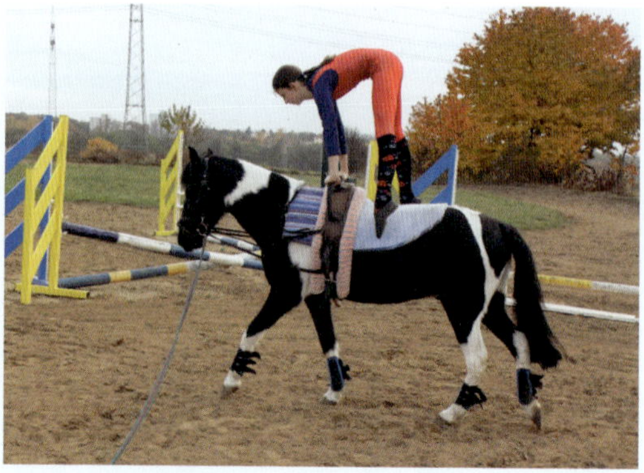
Das Einbücken nach dem Liegestütz.

Hauptkriterien für den Liegestütz
(siehe auch LPO und Richtlinien Voltigieren)

■ **Stütz:** Der Voltigierer braucht genügend Halte- und Stützkraft, um das eigene Körpergewicht in der Vorwärtsbewegung des Pferdes zu stabilisieren. Arm- und Schultergürtelmuskulatur sind dabei besonders gefordert.
Beim Einbücken muss der Voltigierer das Gewicht nach vorne Richtung Gurt verlagern.

■ **Körperspannung:** Körperstabilität und Ganzkörperspannung halten den Voltigierer in der Liegestützposition. Durch die Bewegung des Pferdes wird dies erschwert. Während des Einbückens sind die gesamte Rumpfmuskulatur sowie die Beinstrecker gefordert = Ganzkörperspannung.

Zusatzübungen am Pferd oder Turnpferd

Unerfahrene Voltigierer sollten alle Übungen zuerst am Turnpferd üben. Werden die Übungen weich und sicher geturnt, können sie auch am Pferd in allen Gangarten probiert werden.

Zum Liegestütz

■ Liegestütz einbeinig, rechtes oder linkes Bein anheben, auch in rhythmischem Wechsel oder angehobenes Bein beugen. Fördert unter anderem die Stützkraft, das Gleichgewicht, das Bewegungsgefühl, das Rhythmusgefühl und die Ganzkörperspannung.

Häufige Ausführungsfehler

beim Liegestütz

- Schultern zu weit vor bzw. zu weit hinter dem Gurt
- Schultern hochgezogen
- Ellbogen nicht gestreckt oder zeigen nach außen
- Die Arme stützen nicht gleich viel, ein Arm stützt mehr
- Kopf im Nacken, Kopf eingerollt
- Handgelenke stützen nicht von oben, sind nach unten gedrückt
- Nicht ausreichende Ganzkörperspannung, hochgedrückter Po, Hohlkreuz
- Hüfte gebeugt
- Rundrücken
- Verdrehte Längsachse,
- Bauch zeigt nicht zum Pferd
- Beine/Knie nicht gestreckt
- Beine zu weit geöffnet
- Zehen bohren, liegen nicht flach auf
- Auflagefläche zu groß

beim Einbücken

- Abdruck mit den Zehenspitzen
- Beine/Knie nicht gestreckt
- zu geringes Beugen der Hüfte
- Rundrücken, hochgezogene Schultern
- zu wenig Armstützkraft
- Beine werden zu früh geöffnet
- Einsitzen hart und unangenehm fürs Pferd, ggf. hörbar
- Einsitzen nicht direkt am Gurt

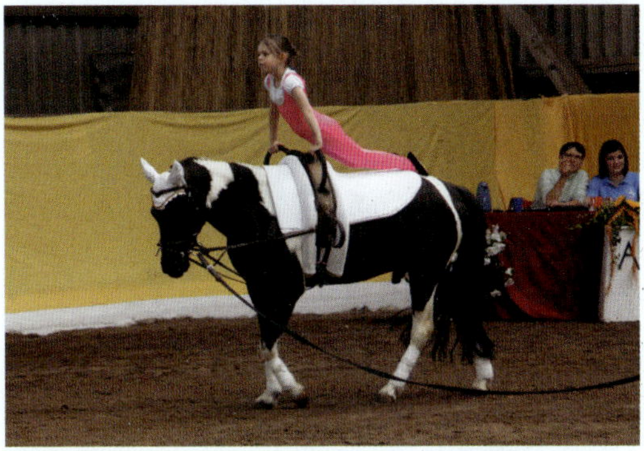

Hier fehlt noch ein wenig die Spannung, der Rücken hängt durch.

■ Liegestütz, dabei einen Arm loslassen. Der Arm kann nach vorne oder nach unten gestreckt oder auf dem Rücken gelegt werden. Abwechselnd den rechten oder linken Arm nehmen. Verbessert die Stützkraft von Arm und Schulter.

■ Kleinen Ball zwischen die Knie klemmen, Knie ohne Ballverlust anheben und in den Liegestütz strecken, dann wieder absenken. Die Voltigierer lernen, die Unterschenkel zusammenzudrücken

■ »Kofferpacken« mit dem Liegestütz, 1. Voltigierer turnt Liegestütz in ausgewählter Bewegungsrichtung, 2. Voltigierer turnt diesen und einen weiteren Liegestütz, jeder Voltigierer erweitert die Aufgabe, auch die Beinbewegungen können mit einbezogen werden.

■ Liegestütz in verschiedenen Bewegungsrichtungen vorwärts, seitwärts, rückwärts, ganze Drehung auf dem Pferd im Liegestütz.

■ Aus dem Liegestütz in den Schulterhang oder Schulterstand wechseln, ggf. zurück in den Liegestütz.

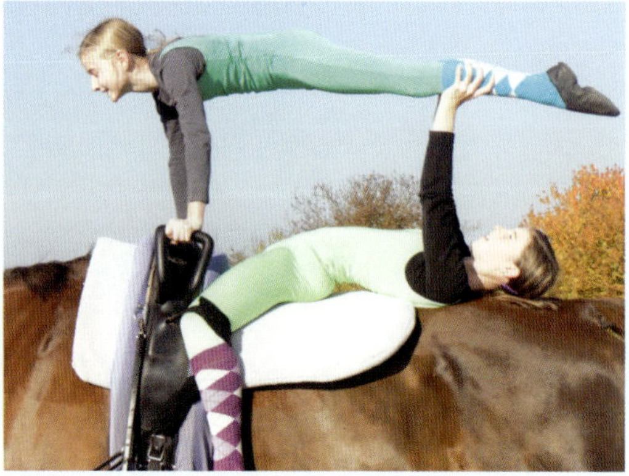

Eine gute Zusatzübung für den Liegestütz.

- Liegestütz, die anderen Voltigierer werfen Tuch, Ball oder Sandsäckchen über die Beine, ohne diese zu berühren.
- Aus dem Liegestütz in den Querlieger schwingen.
- Verschiedene Querlieger angefasst oder frei.
- Gehaltener Liegestütz mit Partnerwechsel.
- Liegestütz auf der Kruppe mit und ohne Partner auf dem Hals.
- Aus dem Stützschwung zum Liegestütz schwingen. Achtung! Diese Übung kann sehr hart fürs Pferd sein! Ggf. nur am Turnpferd üben!
- Aus dem Querlieger seitwärts in den Liegestütz drücken.
- »Schubkarre«, Liegestütz, Füße dabei an der Hüfte eines sitzenden, knieenden oder stehenden Partners.

Zum Einbücken

- Füße in Richtung Gurt ziehen und wieder zurück hüpfen
- Von der Kruppe mit den Füßen an den Gurt laufen und wieder zurück
- Weiches Einsitzen aus dem Stand am Gurt üben, mit den Füßen abspringen oder mit den Fußspitzen
- Weiches Einsitzen aus dem Schulterstand dicht am Gurt üben
- Weiches Einsitzen mit Partnerhilfe, Partner kniet, steht oder sitzt auf dem Hals und unterstützt an der Hüfte
- Einbücken mit optischer Unterstützung: Markierung (Klebeband) zeigt dem Voltigierer, wie weit er seine Füße Richtung Gurt ziehen soll. Bei wiederholtem Üben kann das Klebeband immer dichter an den Gurt geklebt werden.

Gymnastische Zusatzübungen

- Stützkraft Arme: Klimmzüge, Liegestütze auch einarmig, Unterarmstütz
- Liegestütz, Beine oder Arme oder beides auf Pezzibälle, Bank oder Cavaletti legen
- Voltigierer stützt sich aus dem Stand an der Wand/Bande mit den Händen ab und schwingt wieder in den Stand zurück. Arme sollen dabei gestreckt sein.
- Krafttraining für den gesamten Rumpf
- Bauchmuskelübungen
- »Baumstamm anheben«, wie bereits oben beschrieben

Beanspruchte Muskelgruppen beim Liegestütz

- Rumpfmuskulatur
- Streckmuskulatur der Arme und Beine
- Hüftstrecker und Bauchmuskulatur (fürs Einbücken)

Vom Seitsitz zum Quersitz und zur Mühle

Seitsitz, Quersitz, halbe und ganze Mühle sind Drehungen auf dem Pferd aus dem aufrechten Sitz. Je nach Anforderung wird das rechte oder linke Bein in einem möglichst hohen Halbkreisbogen über das Pferd geführt. Damit der Voltigierer harmonisch in der Bewegung und im Rhythmus des Pferdes turnen kann, muss der Grundsitz vorher geübt und gefestigt werden. Je nach Leistungsklasse werden Seitsitz, Quersitz, halbe oder ganze Mühle als Pflichtübung gezeigt.

Bewegungsbeschreibung Seitsitz und Quersitz

Aus dem korrekten Sitz führt der Voltigierer zuerst das rechte gestreckte Bein in einem möglichst hohen Bogen zum Seitsitz innen. Becken, Kopf und Schulter bleiben nach vorne ausgerichtet. Beide Hände sind an den Griffen. Weiter geht es mit dem Innenquersitz. Jetzt sind Becken und aufrechter Oberkörper nach innen ausgerichtet, parallel zur Längsachse des Pferdes. Der Kopf bleibt oben mit Blickrichtung nach vorne. Die Beine liegen mit langem Knie und gestreckten Fußspitzen geschlossen am Pferd. Nun wird der linke Arm seitlich ausgestreckt. Die Schulter bleibt tief und die geschlossenen Fingerspitzen sind in Augenhöhe. Die Handfläche zeigt nach unten. Die rechte Hand bleibt dabei wahlweise am Innen- oder Außengriff. Nach vier Galoppsprüngen werden der Arm zum Griff und das rechte Bein, wieder in einem möglichst hohen Halbkreisbogen, zum Vorwärtssitz zurückgeführt. Nun werden ebenso Seitsitz oder Quersitz nach außen mit dem linken Bein geturnt.

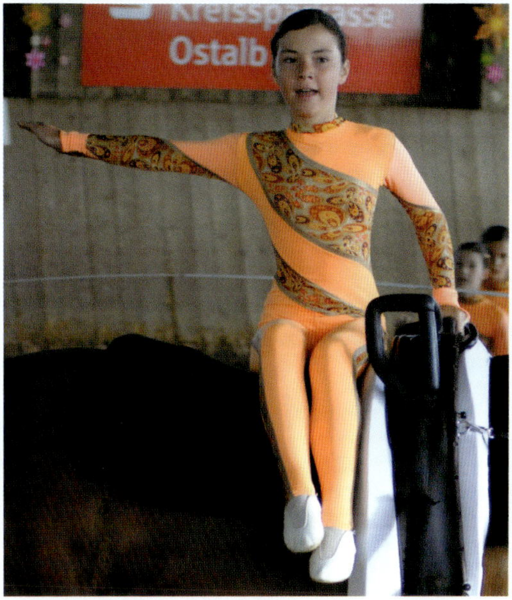

Der Quersitz. Hier könnten die Beine noch etwas besser geschlossen und auf gleiche Höhe gebracht werden.

Der Voltigierer sitzt also aufrecht auf dem Pferd. Zuerst wird das rechte Bein, dann das linke Bein zum Seit- oder Quersitz innen bzw. außen geführt. Die Beine liegen gestreckt und geschlossen am Pferdebauch an. Harmonisch schwingt der Voltigierer in aufrechter Haltung in der Bewegung des Pferdes mit. Beim Quersitz wird zusätzlich der rechte bzw. linke Arm gestreckt in Richtung Kruppe gehalten. Damit die Übung wirklich lange genug ausgehalten wird, zählen die Voltigierer bis fünf, statt wie verlangt bis vier.

Bewegungsbeschreibung halbe und ganze Mühle

Die halbe Mühle besteht aus zwei Phasen und ist eine Drehung um 180 Grad aus dem Vorwärtssitz zum Rückwärtssitz.

Eine Drehung um 360 Grad wird bei der ganzen Mühle ausgeführt. Sie hat vier, mit Abgang fünf Phasen. In allen Phasen der Mühle müssen die Hände die Griffe loslassen und wieder anfassen, so dass eine Drehung mit möglichst paralleler Schulter- und Beckenachse geturnt werden kann. Beide Mühlen werden im Vierertakt ausgeführt. Dabei entspricht ein Galoppsprung einem Takt.

1. Phase: Aus dem korrekten Sitz führt der Voltigierer zuerst das rechte gestreckte Bein in einem möglichst hohen Bogen mit einer Vierteldrehung zum Innensitz. Das linke Ruhebein bleibt dabei gestreckt am Pferdebauch liegen. Im Innensitz sind das Becken und der aufrechte Oberkörper parallel zur Längsachse des Pferdes. Der Kopf bleibt oben mit Blickrichtung nach vorne, also zur Zirkelmitte. Die Beine liegen mit langem Knie und gestreckten Fußspitzen geschlossen am Pferd.

2. Phase: Vom Innensitz wird nun das gestreckte linke Bein in einem möglichst hohen Bogen mit einer Vierteldrehung über die Kruppe zum Rückwärtssitz geführt. Das rechte Ruhebein bleibt dabei gestreckt am Pferdebauch liegen. Im Rückwärtssitz sollen beide Gesäßknochen belastet werden. Das Becken und die Hüfte schwingen in der Bewegung des Pferdes mit. Der gesamte Oberkörper und der Rücken sind aufrecht. Der Kopf bleibt oben mit Blickrichtung nach vorne (vom Pferd aus hinten). Die Beine liegen mit langem Knie und gestreckten Fußspitzen am Pferdebauch.

3. Phase: Vom Rückwärtssitz wird nun das gestreckte rechte Bein in einem möglichst hohen Bogen mit einer Vierteldrehung über die Kruppe zum Außensitz geführt. Das linke Ruhebein bleibt dabei gestreckt am Pferdebauch liegen. Im Außensitz bleiben das Becken und der aufrechte Oberkörper parallel zur Längsachse des Pferdes. Der Kopf ist oben mit Blickrichtung nach außen. Die Beine liegen mit langem Knie und gestreckten Fußspitzen geschlossen am Pferd.

4. Phase: Vom Außensitz nun das gestreckte linke Bein in einem möglichst hohen Bogen mit einer Vierteldrehung über den Pferdehals zum Vorwärtssitz führen. Das rechte Ruhebein bleibt dabei gestreckt am Pferdebauch liegen. Im Vorwärtssitz sollen das Becken und die Hüfte in der Bewegung des Pferdes mitschwingen. Der gesamte Oberkörper und der Rücken sind aufrecht. Der Kopf bleibt oben mit Blickrichtung nach vorne. Die Beine liegen mit langem Knie und gestreckten Fußspitzen am Pferdebauch.

5. Phase: Der Abgang nach innen bei der ganzen Mühle (siehe auch Abgang).

Hauptkriterien für Seitsitz, Quersitz, halbe und ganze Mühle

(siehe auch LPO und Richtlinien Voltigieren)

■ **Balance in der Bewegung des Pferdes**

Wie beim Grundsitz soll sich der Voltigierer in jeder Gangart harmonisch und rhythmisch der Bewegung des Pferdes anpassen. Intensive Sitz- und Rhythmusschulung sind unabdingbar.

■ **Haltung**

Wie beim Grundsitz ist die aufrechte Haltung von Oberkörper und Kopf im Einklang mit der Bewegung des Pferdes das Hauptziel. Dazu muss die Rumpfmuskulatur und die Ganzkörperspannung trainiert werden.

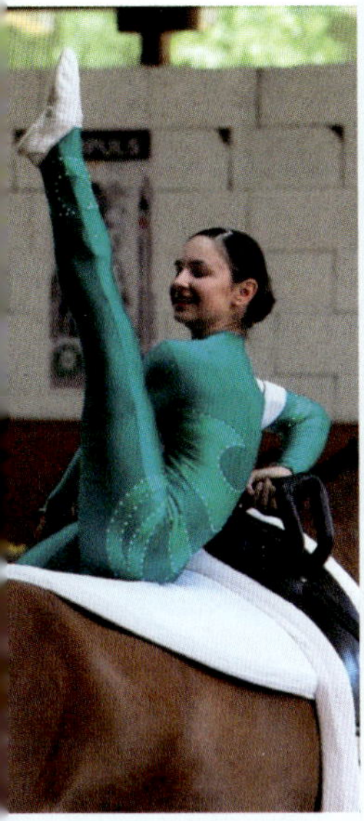

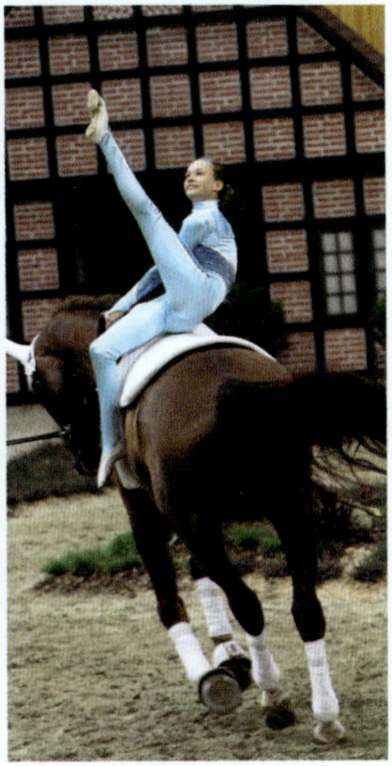

links: Die zweite Phase der ganzen Mühle mit sehr hohem Bein. rechts: Hier hebt das Gesäß bei der Ausführung der Mühle ab.

Häufige Ausführungsfehler bei der Mühle

- Fehlende Aufrichtung, Rundrücken
- Oberkörper zu weit vorne oder hinten
- Hochgezogene Schultern
- Ungleichmäßige Belastung der Gesäßknochen
- Abheben einer Gesäßhälfte bei der Beinführung
- Verschobene Körperachsen
- Schiefer Sitz, Einknicken in der Hüfte
- Spannungsprobleme im Bauch, den Armen oder den Beinen
- Hochgezogene Knie (Stuhlsitz)
- Offene Beine oder Füße im Innen- und/oder Außensitz
- Ruhebein(e) nicht am Pferdebauch
- Fehlerhafte Kopf-, Arm- oder Handhaltung

Zusätzliche Kriterien für die halbe und die ganze Mühle

(siehe auch LPO und Richtlinien Voltigieren)

- **Bewegungsweite**
Unter Bewegungsweite versteht man die optimale Ausnutzung der Gelenkbeweglichkeit für die bestmögliche Beinhöhe und -weite bei den Mühlen. Dazu ist große Beweglichkeit der Voltigierer nötig.
- **Ausbalancierter und aufrechter Sitz**
Trotz der Bewegung des Pferdes müssen die Voltigierer über ein hohes Maß an Balanciervermögen bei korrekter Körperhaltung verfügen, um ihre Übungen auf dem Pferd auszuführen.

Zusatzübungen am Pferd oder Turnpferd

Viele Übungen vom Grundsitz sind auch auf den Quersitz bzw. die Mühle übertragbar.

- Quersitz ganz frei mit Grundsitzarmhaltung innen und außen, auch schon frei beginnen und ohne Hände an den Griffen zum Innen- bzw. Außensitz kommen, Quersitz mit einem oder beiden Armen frei mit geschlossenen Augen. Fördert unter anderem das Gleichgewicht, das Bewegungsgefühl, das Rhythmusgefühl, die Orientierungsfähigkeit und den Angstabbau.
- Quersitz mit Bewegungsaufgabe oder Rätseln. Fördert vor allem Sicherheit und den Angstabbau, Voltigierer lösen die Hände von den Griffen, um Bewegungsaufgabe umzusetzen.
- Koordination/Rhythmusschulung mit verschiedenen Bewegungen (z. B. bei eins (zwei) Bein zum Innensitz führen, bei zwei (drei/vier) Bein zurück nehmen, bei drei (fünf/sechs) Bein wieder nach innen führen, mit dem nächsten Bein ebenso.

Diese Übung ggf. auch mit nur einem Arm festhalten oder ganz frei oder zu verschiedenen Musiken. Fördert das Bewegungs- und Rhythmusgefühl fürs Turnen auf dem Pferd.

- Jede Phase einzeln ausführen, anhalten und im jeweiligen Sitz Armbewegungen ausführen, auch zu Musik.
- Bei Quersitz/Mühle die Beinführung mit dem Arm unterstützen, indem der jeweilige Arm parallel mitgeführt wird, also rechtes Bein und rechter Arm, linkes Bein und linker Arm. Fördert die gleichzeitige Drehung von Schulter, Becken und Bein.
- Verschiedene Umsteiger in Quersitzpositionen
- Voltigierer muss im jeweiligen Sitz mit dem Ruhebein ein Tuch oder Schläppchen festhalten. Der Gegenstand soll nicht herunterfallen. Voltigierer lernen, das Ruhebein am Pferd zu lassen.
- Ganze Mühle frei, mit Gewichten, mit der Hand das Bein zur Nase ziehen, mit Richtungswechsel.

Die Füße halten das Schläppchen fest, später in der Bewegung drückt nur noch das Ruhebein das Schläppchen gegen den Pferdebauch.

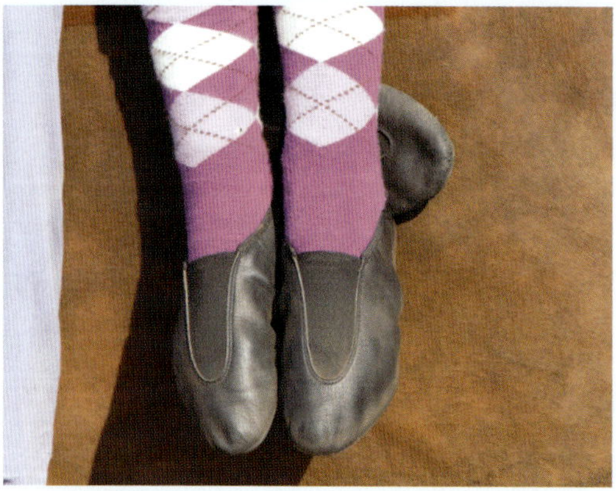

- Quersitz/Mühle mit Gegenstand (z.B. Tuch oder Ring) auf dem Kopf oder Fußgelenk, dieser darf nicht herunterfallen.
- Quersitz/Mühle mit Seil oder Stab ausführen. Der Stab kann vorne oder oben, ggf. auch hinter dem Körper gehalten werden.
- »Hamburger« Mühle/Quersitz zwischen zwei Partnern. Ein Partner sitzt auf dem Hals, zwei sitzen auf dem Rücken. Der Voltigierer in der Mitte turnt die Mühle, ohne die Partner zu berühren.
- Mühle/Quersitz zu zweit oder auch zu dritt ausführen. Das Bein darf den Partner nicht berühren oder gar vom Pferd schieben.

Gymnastische Zusatzübungen

- Körperspannungsübungen
- Krafttraining für den gesamten Rumpf
- Dehnen der Beine, Beinhaltekraft trainieren
- Bauchmuskelübungen
- Becken- und Hüftbeweglichkeitsübungen (Hüftbeuger dehnen)
- Gleichgewichtsübungen (Balancieren, Zehenspitzenstand, auch mit geschlossenen Augen und/oder Gegenstand auf dem Kopf)
- Haltungsübungen, auch mit Armbewegungen

Beanspruchte Muskelgruppen bei der Mühle

- Ganzkörperspannung
- Rücken- und Bauchmuskulatur
- Hals-, Arm-, Schultermuskulatur
- Gesäßmuskulatur
- Hüftbeuger
- Ober- und Unterschenkelmuskulatur

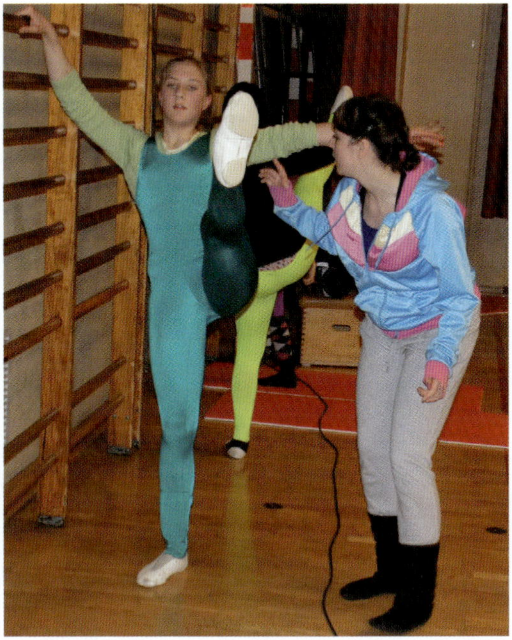

Kraft und Beweglichkeit für die Mühle müssen ausgiebig trainiert werden.

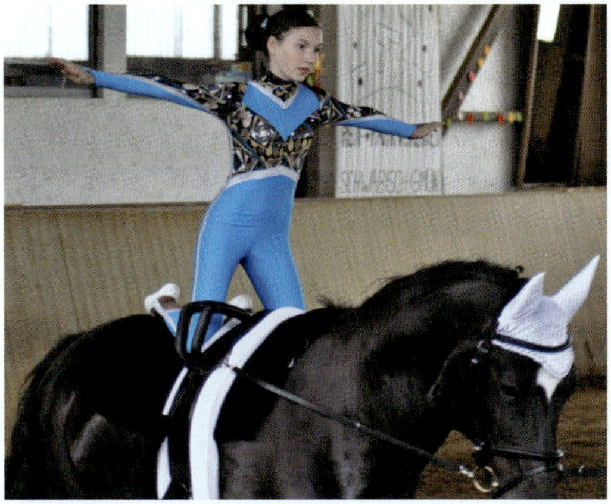

Sicheres Knien, die Hüfte könnte noch gestreckter sein, der Kopf muss gehoben werden.

Vom Knien zum Stehen

Das Freie Knien und das Stehen sind anspruchsvolle Gleichgewichtsübungen. Vom Aufbau der Übung über die gelungene Ausführung vom Knien bzw. Stehen bis hin zum Abbau zurück in den Sitz verlangen sie vom Voltigierer die vollständige Kontrolle über seinen Körper. Nach dem Grundsitz wird das Freie Knien geübt und gefestigt. Die Armhaltung kann am Anfang beliebig sein. Gelingt das Freie Knien, dann kann der Voltigierer das Stehen erlernen. Beide Übungen verlangen viel Mut und Vertrauen zum Partner Pferd.

Bewegungsbeschreibung Knien

Aus dem korrekten Sitz streckt der Voltigierer beide Beine nach vorne und nimmt etwas Schwung. Das Gewicht wird dabei auf die Arme verlagert. Nun kniet er mit beiden Beinen nahe am Gurt weich auf. Die Knie und Fußgelenke liegen gestreckt links und rechts der Wirbelsäule flach auf dem Pferderücken, ohne dass sie in den Rücken bohren. Das Gewicht wird auf den ganzen Unterschenkel verlagert und die Griffe losgelassen. Der Oberkörper wird aufgerichtet, bis er ganz leicht hinter die Senkrechte kommt und die Hüfte gestreckt ist. Die Arme können am Anfang beliebig gehalten (z.B. hängen lassen, nach vorne). Später gehen die Arme wie beim Grundsitz in Seithalte (siehe Grundsitz). Die Schultern bleiben dabei tief und losgelassen. Mit erhobenem Kopf und Blickrichtung geradeaus wird das Knien bis vier (sicherheitshalber bis fünf) ausgehalten. Die Bewegung des Pferdes wird dabei in den Knie- und Hüftgelenken abgefedert. Danach gehen die Arme gestreckt zu den Griffen zurück. Mit dem flüchtigen Stütz auf den Armen und gestreckten Beinen bis in die Fußspitzen gleitet der Voltigierer weich am Pferd entlang nahe am Gurt zum Vorwärtssitz zurück.

Bewegungsbeschreibung Stehen

Wie beim Freien Knien weich direkt am Gurt aufknien. Beide Unterschenkel liegen rechts und links der Wirbelsäule flach auf. Nun gleichzeitig mit beiden Füßen weich in die Hocke dicht an den Gurt springen. Die Füße stehen hüftbreit und parallel rechts und links an der Wirbelsäule. Der Voltigierer löst die Hände von den Griffen, richtet sich bis in die Senkrechte auf und führt die Arme wie beim Grundsitz (Armhaltung siehe Grundsitz) direkt in die Seithalte. Das Gewicht ist dabei auf dem ganzen Fuß und die Bewegung des Pferdes wird in den Fuß- und Kniegelenken sowie in der Hüfte abgefangen. Die Schultern sind tief und der Blick geradeaus. Der Aufbau soll dabei aus dem Sitz über das Knien zum Stehen flüssig und im Pferderhythmus erfolgen. Das aufrechte Stehen muss bis vier (sicherheitshalber bis fünf) ausgehalten werden. Zum Abbau werden die gestreckten Arme direkt zu den Griffen geführt und das Gewicht wird auf die Arme verlagert. Mit bis in die Fußspitzen gestreckten Beinen gleitet der Voltigierer nun weich, nahe am Gurt und am Pferd in den aufgerichteten Vorwärtssitz zurück.

Hauptkriterien für das Knien und Stehen (siehe auch LPO und Richtlinien Voltigieren)

- **Gleichgewicht:** Knien und Stehen im Gleichgewicht erfordern eine stetige Anpassung an die Bewegung des Pferdes und die Fähigkeit, auch Tempounterschiede und den Taktverlust des Pferdes auszugleichen. Die Übung soll in Harmonie mit dem Pferd ausgeführt werden.
- **Haltung:** Die unverkrampfte und ausbalancierte Haltung von Oberkörper und Kopf im Einklang mit der Bewegung des Pferdes und möglichst ohne auffällige Nachkorrekturen ist das Hauptziel.

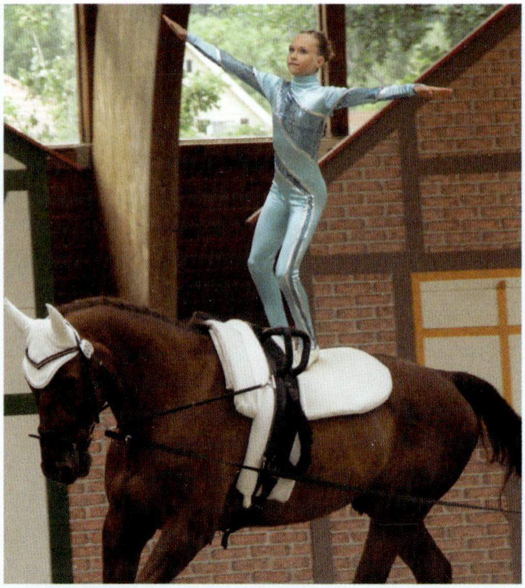

Sicheres Stehen in guter Haltung.

Zusatzübungen am Pferd oder Turnpferd

Viele Übungen vom Grundsitz sind auch auf das Knien und das Stehen übertragbar, wie beispielsweise Rhythmusschulungen, Übungen zum Angstabbau etc., siehe Kapitel Grundsitz.

- Knien oder Stehen ohne die Hände an den Griffen, also frei aufbauen. Oder auch mit den Händen an den Griffen oder frei und mit geschlossenen Augen aufbauen. Fördert unter anderem das Gleichgewicht, das Bewegungsgefühl, das Rhythmusgefühl, die Orientierungsfähigkeit und den Angstabbau.
- Knien oder Stehen mit Bewegungsaufgabe oder Rätseln. Fördert vor allem Sicherheit und den Angstabbau, Voltigierer lösen im Spiel oft unbewusst die Hände von den Griffen, um Bewe-

gungsaufgabe umzusetzen.

- Knien/Stehen im Rhythmus auf- und abbauen (z. B. bei eins-zwei Knien, bei drei-vier wieder sitzen, bei eins-zwei wieder knien usw., ebenso mit Stehen).

Häufige Ausführungsfehler beim Knien und Stehen

- Hartes, unkontrolliertes Aufknien
- Hohlkreuz, gebeugte Hüfte
- Fersensitz beim Knien
- Keine Gewichtsverlagerung, bohrende Knie oder Zehenspitzen
- Fehlende Aufrichtung, Rundrücken
- Oberkörper zu weit vorne oder hinten
- Hochgezogene Schultern
- Spannungsprobleme im Bauch, den Armen oder den Beinen
- Stehen: Knie steif oder gestreckt, Federn der Fuß- und Kniegelenke fehlt
- Nicht auf dem ganzen Unterschenkel knien
- Nicht auf dem ganzen Fuß stehen
- Stehen in Schrittstellung
- Arme nicht in Augenhöhe, zu hoch, zu tief, zu weit vorne bzw. hinten
- Lösen der Hände von den Griffen nacheinander
- Gleichgewichtskorrektur mit den Armen oder dem Oberkörper oder durch Beugen der Hüfte
- Fehlerhafte Kopf-, Arm- oder Handhaltung
- Hartes Einsitzen beim Abbau
- Abbau nicht direkt in den Sitz (über ein- oder beidbeiniges Knien)

- Knien/Stehen in verschiedenen Bewegungsrichtungen (vorwärts, seitwärts, rückwärts, ggf. auf dem Hals).
- Knien/Stehen mit einer Viertel-, halben oder ganzen Drehung mit einem kleinen Sprung, laufen, oder über den Prinzensitz wechseln. Es ändert sich jeweils die Bewegungsrichtung.
- Knien/Stehen mit Seil oder Stab ausführen. Der Stab kann vorne oder oben, ggf. auch hinter dem Körper gehalten werden.
- Seilspringen im Knien oder Stehen. Achtung! Übung eignet sich nur fürs Turnpferd! Zu hart für den Pferderücken!
- Knien und Fahne oder Knien und Stehen im rhythmischen Wechsel, ggf. mit unterschiedlichen Armbewegungen.
- Knien/Stehen, jeweils ein Bein seitlich halten, auflegen oder abspreizen. Dabei auch die Bewegungsrichtung wechseln oder Armbewegungen mit ausführen.

Hier ist das Gleichgewicht verloren gegangen.

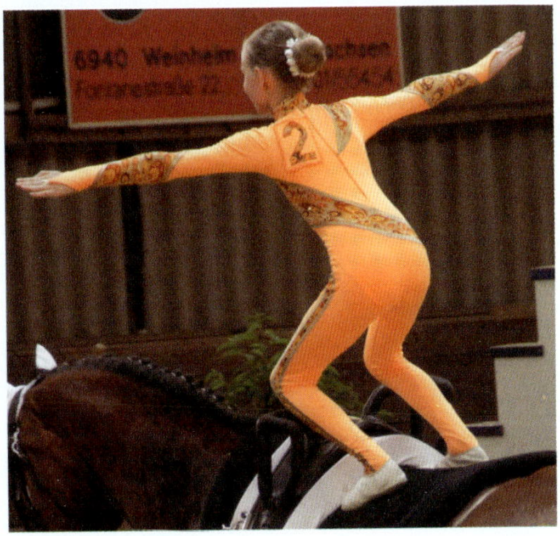

- Armkreise in allen Gangarten, wahlweise ein oder zwei Arme, bzw. gegengleich
- Im Knien/Stehen Ball oder andere Gegenstände (z. B. Tuch, Stofftier usw.) hochwerfen und wieder fangen. Achtung, das Pferd muss das kennen!
- Spiele mit allen Voltigieren an der Zirkellinie (im Schritt, Trab oder Galopp) wie beim Grundsitz bereits beschrieben

Gymnastische Zusatzübungen

- Körperspannungsübungen
- Krafttraining für den gesamten Rumpf
- Bauchmuskelübungen
- Fuß-, Knie-, Becken- und Hüftbeweglichkeitsübungen
- Gleichgewichtsübungen (Balancieren im Zehenspitzenstand, auch mit geschlossenen Augen und/oder Gegenstand auf dem Kopf) Haltungsübungen auch mit Armbewegungen

Abgang (nach innen oder außen)

Mit dem Abgang verlässt der Voltigierer das Pferd und beendet damit die geturnte Übung. Je nach Anforderungen wird er nach innen oder außen geturnt. Wichtig ist dabei die Landetechnik zu trainieren. Eine gute Landetechnik hilft, Verletzungen zu vermeiden.

Beanspruchte Muskelgruppen beim Knien und Stehen

- Ganzkörperspannung
- Rücken- und Bauchmuskulatur
- Hals-, Arm-, Schultermuskulatur
- Rumpfmuskulatur
- Ober-, und Unterschenkelmuskulatur

Bewegungsbeschreibung Abgang

Der Abgang nach innen erfolgt nach der Mühle aus dem Vorwärtssitz und nach dem Stützschwung aus dem Rückwärtssitz, der Abgang nach außen nach dem Liegestütz aus dem Vorwärtssitz.

Aus dem aufrechten Sitz wird das gestreckte Bein im hohen Halbkreisbogen über den Pferdehals oder die Kruppe nach innen bzw. nach außen geführt. Die Beine werden geschlossen, die Hüfte wird gestreckt. Der Körper wird nach vorne ge-

Alle Übungen, die Gleichgewicht und Körperspannung fördern, sind auch gut für das Knien und Stehen.

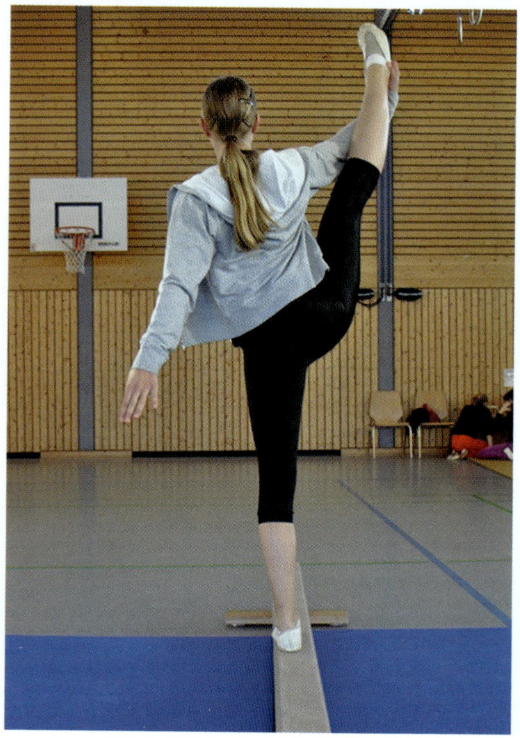

Beanspruchte Muskelgruppen beim Abgang

- Rumpfmuskulatur
- Schultermuskulatur
- Bauchmuskulatur
- Hüftbeuger
- Wadenmuskulatur
- Knie und Fußgelenke

dreht, Blickrichtung ist nach vorne. Mit beiden Armen von den Griffen abdrücken und auf beiden Füßen in der Vorwärtsbewegung landen. Der Abgang soll dabei vom Sitz bis zur Landung in einem Fluss erfolgen. Auch hier sollte, wie schon oben beim Stütz-Abhocken beschrieben, großer Wert auf intensives Landetraining gelegt werden, um Verletzungen zu vermeiden.

Hauptkriterien für den Abgang (siehe auch LPO und Richtlinien Voltigieren)

- **Bewegungsweite:** Das heißt, der Voltigierer muss über genügend Dehnung und Kraft in den Beinen verfügen, damit er beim Abgang eine hohe und weite Beinführung mit nahezu aufrechtem Oberkörper leisten kann.
- **Ganzkörperspannung:** Das heißt, für den energischen Abdruck von den Griffen braucht der Voltigierer die Streckung und Spannung des ganzen Körpers.
- **Landetechnik:** Das heißt, die Landung soll vorwärts auf beiden Füßen gleichzeitig erfolgen. Die Füße und Knie sind dabei hüftbreit geöffnet und parallel. Die Bewegung wird in Hüft-, Knie- und Fußgelenk abgefedert. Vom Fußballen bis zur Ferse rollt der Fuß ab. Zwischen Knie und Wade muss ein rechter Winkel bleiben. Sofort nach der Landung mit beiden Füssen nach oben nachspringen und nach vorne auslaufen.

Zusatzübungen am Pferd oder Turnpferd

Unerfahrene Voltigierer sollten alle Übungen zuerst am Turnpferd üben. Werden die Übungen weich und sicher geturnt, können sie auch am Pferd in allen Gangarten probiert werden.

- Stütz zum Abdruck im Rhythmus mehrfach wiederholen. Fördert unter anderem die Stützkraft, das Bewegungsgefühl für den Abdruck und die Ganzkörperspannung.
- Bein mehrfach über den Hals oder die Kruppe führen. Unter den Fuß des Ruhebeines ein Schläppchen einklemmen, das nicht herunterfallen darf. Verbessert den Beinschluss des Ruhebeins.

Die Stützphase beim korrekten Abgang.

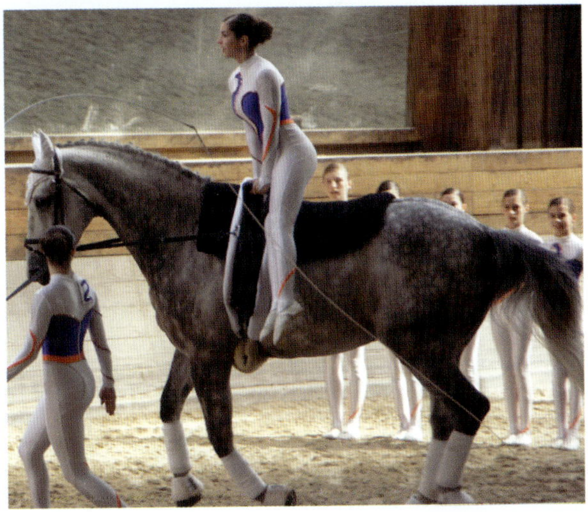

Häufige Ausführungsfehler beim Abgang

- Bein wird flach und nicht im Halbkreis geführt
- Bein und Zehe nicht gestreckt
- Rücken rund, Schultern hochgezogen
- Kopf im Nacken, Kopf eingerollt
- Abhebendes Ruhebein
- Abgang in einem Fluss, kein Stopp im Innen- bzw. Außensitz
- Nicht ausreichende Ganzkörperspannung beim Abdruck oder Hüfte gebeugt
- Verdrehte Längsachse, Körper nicht in der Vorwärtsbewegung
- Landung nicht auf beiden Füßen
- Beine/Knie zu weit geöffnet oder zu schmal
- Kein Abrollen der Füße
- Winkel zwischen Knie und Wade kleiner als 90°
- Kein Nachfedern der Landung

- Bein mit der Hand am Fußgelenk zur Nase ziehen. Der Oberkörper richtet sich gegen das Bein auf. Die Übung mehrfach wiederholen. Die Beinhöhe und die Aufrichtung des Oberkörpers werden verbessert.

Gymnastische Zusatzübungen

- Die Beine aktiv und passiv dehnen
- Seilspringen alleine oder mit Partnern
- Auf- und Niedersprünge von der Bank oder dem Cavaletti
- Springen über Hindernisse, wie Stangen, Kartons, Eimer etc.

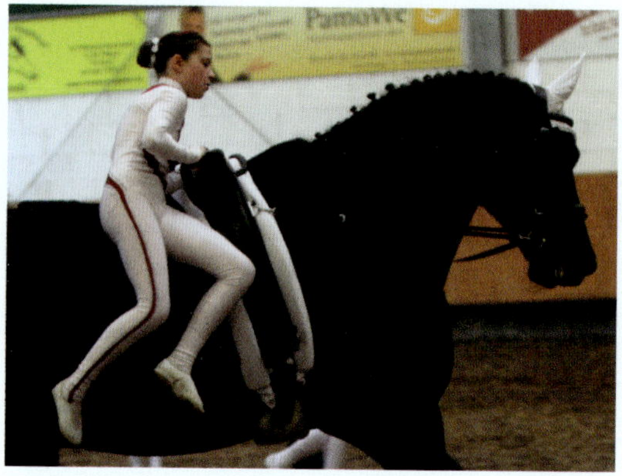

Hier fehlen noch die Ganzkörperspannung und der Abdruck vom Griff.

- Baumstamm anheben: Voltigierer liegt auf dem Boden, ein oder mehrere Voltigierer heben den »Baumstamm« an. Dabei kann dieser nur an den Schultern, an den Füßen oder ganz angehoben werden. Er bleibt dabei unbeweglich steif. Verbessert die Ganzkörperspannung.

Landung

Gerade für Nachwuchsgruppen ist es wichtig, die Landung zu trainieren. Die Voltigierer müssen lernen, sich vom Pferd abzudrücken und dabei gut zu landen. Eine gute Landetechnik hilft, Verletzungen zu vermeiden.

Bewegungsbeschreibung Landung

Beide Beine landen gleichzeitig und hüftbreit. Die Füße sind dabei parallel. Die Knie sind maximal 90 Grad gebeugt und schieben sich nach vorne. Sofort nach der Landung federt der Voltigierer die Landung nach oben nach und läuft in Bewegungsrichtung aus.

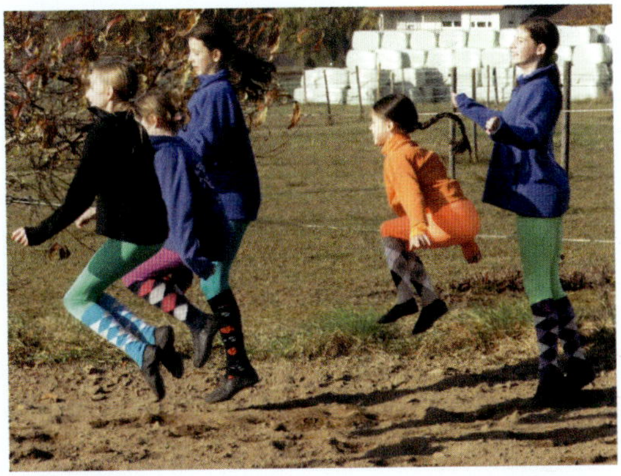

Regelmäßiges Sprungkrafttraining verbessert die Landetechnik und verringert so die Verletzungsgefahr.

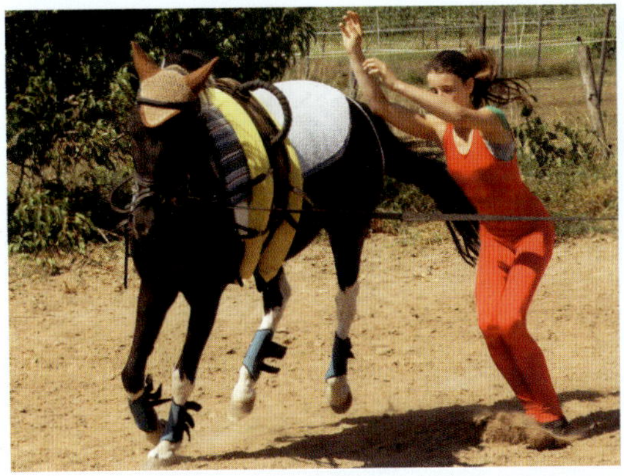

Eine gute Landung, Knie und Fußgelenke sollten noch geöffnet werden.

Landetechnik: Dem Landetraining kommt eine große Bedeutung zu. Viele Verletzungen passieren bei den Landungen, deshalb steht die Gesunderhaltung der Voltigierer an erster Stelle. Die Schulung der Landetechnik erfolgt nicht nur am Pferd, sondern auch durch Übungen in der Turn- oder Reithalle

Hauptkriterien für die Landung
(siehe auch LPO und Richtlinien Voltigieren)

- **Achsengerechte Landung:** Die Füße landen gleichzeitig und parallel. Die Kniegelenke werden nach vorne maximal 90 Grad gebeugt. Die Hüfte und der Oberkörper sind leicht nach vorne gebeugt. Die Bewegung wird in Hüft-, Knie- und Fußgelenk abgefedert. Vom Fußballen bis zur Ferse rollt der Fuß ab.
- **Abfangen der Druckbelastung durch unmittelbares Hochfedern aus der Landung:** Der Voltigierer federt sofort nach der Landung mit den Füßen nach oben nach und verwandelt den Schwung aus der Landung in eine Laufbewegung nach vorne.

Zusatzübungen am Pferd, Turnpferd oder Boden

- Auf- und Niedersprünge vom Cavaletti
- Mit möglichst wenig Schritten/Sprüngen durch die Halle (Breite oder Länge auswählen)
- Mit oder ohne Hilfestellung vom Turnpferd/

Beanspruchte Muskelgruppen beim Landen

- Rumpfmuskulatur
- Schultermuskulatur
- Bauchmuskulatur
- Muskulatur der Arme
- Hüftbeuger
- Wadenmuskulatur
- Knie und Fußgelenke

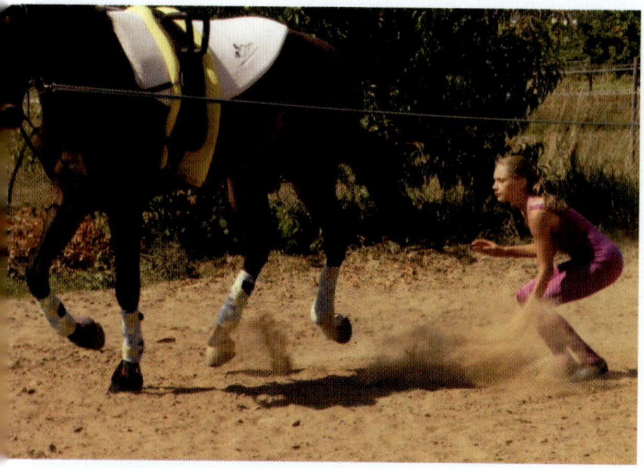

Bei der Landung sollten die Beine etwas weiter geöffnet werden, der Oberkörper muss aufrechter bleiben.

Häufige Ausführungsfehler bei der Landung

- Nicht ausreichende Körperspannung beim Abdruck
- Verdrehte Längsachse
- Voltigierer kommt nicht zum Stützen mit den Armen
- Abdruck mit den Armen von den Griffen zu früh oder zu wenig
- Zu spätes Loslassen der Griffe
- Landung nicht auf beiden Füßen
- Landung mit X-Beinen
- Beine/Knie zu weit oder zu schmal geöffnet
- Kein Abrollen der Füße
- Winkel zwischen Knie und Wade kleiner als 90 Grad
- Kein Nachfedern der Landung, harte Landung

Pferd springen aus verschiedenen Positionen, wichtig: richtige Landung, nachfedern!

- Zwei Partner ziehen dritten am Turnpferd durch
- Trampolin federn, Landungen, Sprünge auf Matten
- Seilspringen in allen Variationen
- Springen über kleine Hindernisse wie Seile, Stäbe, Kartons, Kinder usw.
- Aus der Hocke oder dem Knien in den Hockhandstand an die Wand aufschwingen oder zu einem haltenden Partner aufschwingen. Die Voltigierer bekommen so das Gefühl für die richtige Position.
- Handstand an der Wand. Knie und Hüfte zum Hockhandstand beugen.
- Die gleiche Übung am Turnpferd: ein Partner sitzt auf dem Hals und unterstützt den Voltigierer beim Aufschwingen bis zum Umkehrpunkt. Dann unterstützt er ihn beim Abdruck zur Landung.
- Aus der Bank versuchen Knie abzuheben, Gewicht auf die Arme verlagern
- Aus der Bank nach innen abspringen, Landung beachten.
- Aus der Bank oder auch aus dem Stehen in den Hockhandstand schwingen. Dann wieder geschmeidig einsitzen oder Abdruck nach innen.
- Hockhandstand an den Ringen oder am Barren üben. Zuerst immer mit Hilfe.

Gymnastische Zusatzübungen

- Arm- und Stützkraft trainieren mit Liegestützen, Klimmzügen
- Sprungkrafttraining wie schon beim Aufgang beschrieben, Knie und Sprunggelenke müssen für

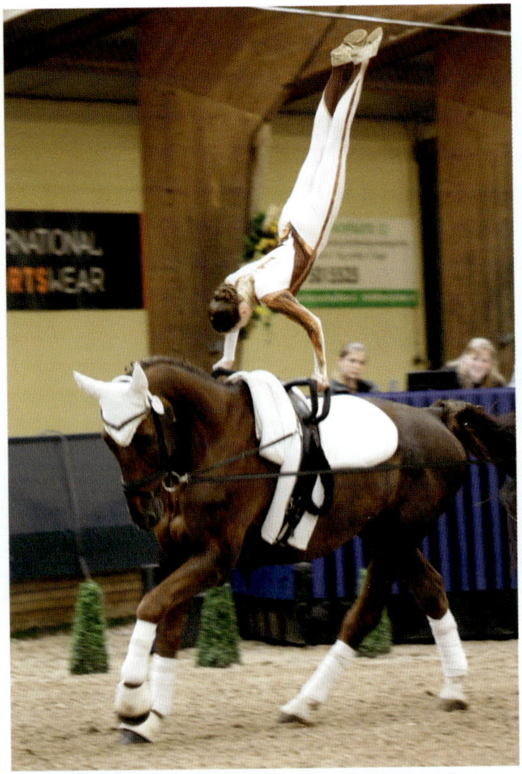

Ein sehr hoher Stützschwung in präziser Ausführung.

eine gute und gesunde Landung über ausreichend Kraft verfügen.

Stützschwung vorlings zur Flanke und Wende nach innen oder außen

Der Stützschwung vorlings dient neben dem Liegestütz zur Vorbereitung auf die Flanke und die Wende.

Von den Nachwuchsgruppen werden auf dem Turnier der Liegestütz und der Stützschwung vorlings gezeigt. Als Abgang zuerst die Wende nach innen, Fortgeschrittene turnen die Wende nach außen. Die Leistungsvoltigierer turnen die Flanke mit der Wende nach außen. Flanke 1. und 2. Teil turnen nur die Voltigierer der höchsten Leistungsklasse. Es gibt Überlegungen, den 2. Teil Flanke nicht mehr zu turnen, da die Verletzungsgefahr durch die Drehbewegung und die Fliehkraft nach außen zu groß ist. International verlassen die Voltigierer das Pferd in den Nachwuchsklassen mit der Wende nach innen und in den höheren Klassen mit der Wende nach außen. Anfängern gelingt es noch nicht, Übungen mit so hohen technischen Anforderungen zu turnen. Erst wenn ein Voltigierer die körperlichen Voraussetzungen und das optimale Bewegungsgefühl für den Galoppsprung des Pferdes hat, werden ihm Schwungübungen gelingen. Alle Übungen sollen in Harmonie mit dem Pferd aus dem korrekten Sitz erfolgen. Die Grifftechnik ist dabei freigestellt und abhängig von den Griffen des Voltigiergurts und der Körpergröße des Voltigierers. Werden Schwungübungen hart und gegen den Galopprhythmus ausgeführt, zeigen viele Pferde deutlich ihr Unwohlsein. Auch ein nicht passender Voltigiergurt kann durch die enorme Druckbelastung auf den Gurt für das fehlende Wohlgefühl des Pferdes verantwortlich sein. Unpassende Voltigiergurte stören die Pferde in den Schwungübungen enorm. Wie ein Sattel muss auch der Voltigiergurt dem Pferderücken angepasst sein.

Bewegungsbeschreibung Stützschwung vorlings

Der Stützschwung vorlings beginnt aus dem gespannten, korrekten Vorwärtssitz. Der korrekte Vorwärtssitz ist für eine gelungene Schwungentwicklung Voraussetzung. Mit den gestreckten Beinen von vorne Schwung holen. Die Beine sollten dabei die Griffhöhe nicht überschreiten. Voltigierer, die den Stützschwung erlernen, sind im Bein beim Schwungholen meistens zu langsam. Je mehr Schwung von vorne geholt wird, desto schwieriger ist die Beschleunigung mit den Beinen. Lieber etwas weniger Schwung nehmen und dafür die Beine schneller nach hinten und oben schwingen. Wenn die Beine beim Zurückschwingen genau unter dem Oberkörper sind, taucht dieser nach vorne ab. Die Beine schwingen weiter nach oben und das Gewicht wird auf die Arme verlagert. Die Beine werden am höchsten Punkt je nach Leistungsklasse geschlossen oder sie bleiben hüftbreit geöffnet. Während des Aufwärtsschwungs sollen die Arme im Optimum ganz durchgestreckt werden. Kurz vor dem Umkehrpunkt wird die Hüfte gebeugt und die Schultern schieben nach vorne. Die gestreckten Beine werden geöffnet und gleiten weich und geschmeidig nahe am Gurt zum Vorwärtssitz zurück.

Bewegungsbeschreibung Flanke

Die Flanke besteht aus zwei Teilen:

1. Teil Flanke zum Innensitz
2. Teil Wende nach außen

Der 2. Teil Flanke, wie ihn die Leistungsgruppen turnen, wird nicht beschrieben, dies führt hier zu weit.

1. Teil Flanke

Wie beim Stützschwung vorlings aus dem gespannten, korrekten Vorwärtssitz mit den gestreckten Beinen von vorne Schwung holen. Die Beine sollten dabei die Griffhöhe nicht überschreiten. Sofort werden die Beine möglichst schnell nach hinten und oben geführt. Die Beine schließen dabei. Das Gewicht wird auf die Arme verlagert und erst jetzt taucht der Oberkörper nach vorne ab. Während des Aufwärtsschwungs sollen die Arme im Optimum ganz durchgestreckt werden. Kurz vor dem Umkehrpunkt die Hüfte maximal beugen. Die Schultern nach vorne schieben und die gestreckten Beine gleiten nahe am Gurt weich und geschmeidig zum Seitsitz innen ein. Die Beine geschlossen ans Pferd legen und den Kopf hochnehmen mit Blickrichtung nach vorne. Nun wird das gestreckte rechte Bein über den Griff zum Vorwärtssitz zurückgeführt (siehe auch Mühle). Dann erfolgt die Wende nach außen.

Bewegungsbeschreibung Wende nach innen oder außen

Wie beim Stützschwung vorlings aus dem gespannten, korrekten Vorwärtssitz mit den gestreckten Beinen von vorne Schwung holen. Die Beine sollten dabei die Griffhöhe nicht überschreiten. Sofort werden die Beine möglichst schnell nach hinten oben geführt. Die bis in die Fußspitzen gestreckten Beine werden geschlossen. Das Gewicht wird auf die Arme verlagert und der Oberkörper taucht nach vorne ab. Während des Aufwärtsschwungs sollen die Arme im Optimum ganz durchgestreckt werden. Kurz vor dem Umkehrpunkt erfolgt der Abdruck mit den Armen von den Griffen nach innen oder nach außen. Nach innen drückt der innere Arm mehr nach innen, nach außen drückt der äußere Arm mehr

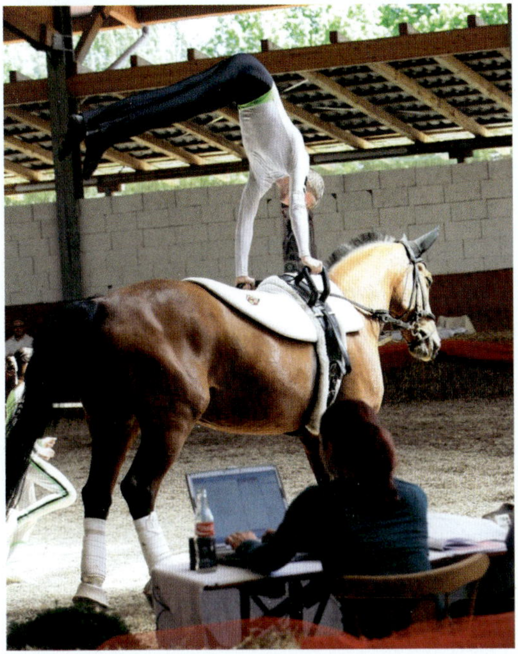

Der erste Teil der Flanke.

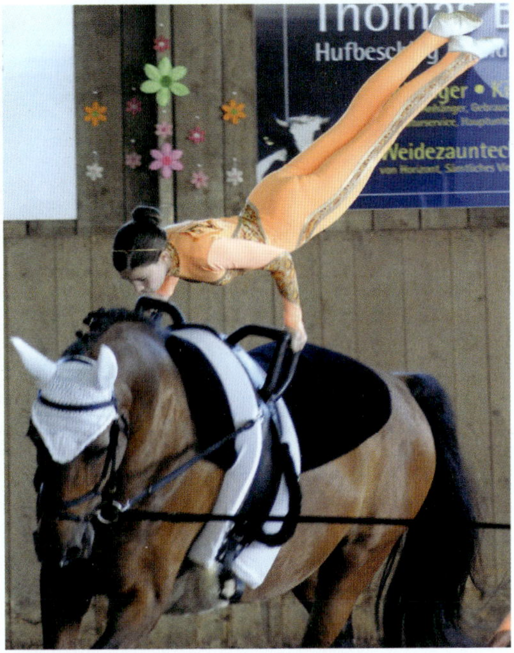

Die Wende nach innen.

nach außen. Nach dem Abdruck rechtzeitig die Griffe loslassen. Nach einer kurzen Flugphase beidbeinige Landung innen oder außen. Mit hüftbreiter, paralleler Fußstellung landen. Die Landung sofort nachfedern. (siehe auch Landetechnik)

Hauptkriterien für den Stützschwung vorlings, die Flanke und die Wende nach innen oder außen

(siehe auch LPO und Richtlinien Voltigieren)

- **Höhe und Lage des Schwerpunktes:** Für die Schwungübungen bedeutet das, dass der Oberkörper spät (erst wenn die gestreckten Beine nach dem Schwungholen genau unter dem Oberkörper sind und die Hüfte bei guter Ganzkörperspannung wieder gestreckt ist) und weit genug (Voltigierer muss den Gurt unterhalb des Bauchnabels spüren) nach vorne abtaucht. Die Arme müssen dann in der Aufwärtsbewegung stützen (Arme im Optimum ganz gestreckt). Die Beine und den Oberkörper gespannt wie beim Handstand über den Schultern und Handgelenken oben halten. Der Kopf ist nicht im Nacken, sondern zwischen den Armen. Nur wenn der Voltigierer seinen Schwerpunkt richtig verlagert, kann er sein Körpergewicht über seinen Armen halten.
- **Koordination der Schwungübertragung:** Vielen Voltigierern fällt es schwer, genau im Rhythmus des Pferdes zu turnen. Rhythmusschulung ist hierzu erforderlich. Nur wenn der Voltigierer das Bewegungsgefühl für den Galoppsprung hat,

Häufige Ausführungsfehler bei Stützschwung, Flanke und Wende

- Fehlende Körperspannung
- Zu frühes oder kein Abtauchen
- Schwungholen gegen den Galoppsprung
- Beine/Knie nicht gestreckt
- Beine zu weit geöffnet
- Beine sind zu langsam im Aufwärtsschwung
- Zu viel, ggf. auch zu wenig Schwung
- Einbeiniges oder nicht gleichzeitiges Schwungholen
- Rundrücken beim Schwungholen
- Schultern zu weit vor bzw. zu weit hinter dem Gurt
- Schultern hochgezogen
- Ellbogen nicht gestreckt oder zeigen nach außen
- Zu wenig Armkraft
- Die Arme stützen nicht gleich viel, ein Arm stützt mehr
- Kopf im Nacken, Kopf eingerollt
- Handgelenke stützen nicht von oben, sind nach unten gedrückt
- Nicht ausreichende Ganzkörperspannung, hochgedrückter Po, Hohlkreuz
- Hohlkreuz in der Aufwärtsbewegung
- Bauch oder Schulter liegen auf dem Gurt oder Hals
- Zusammenbrechen in der Übung
- Hüfte beugt zu früh oder zu wenig
- Verdrehte Längsachse, Bauch zeigt nicht zum Pferd
- Beine werden zu früh geöffnet Seitsitz nicht korrekt
- Einsitzen hart und unangenehm fürs Pferd, ggf. hörbar
- Einsitzen nicht direkt am Gurt
- Abdruck vom Gurt zu spät
- Zu spätes Loslassen der Griffe
- Keine Flugphase
- Sturz bei der Landung

findet er den richtigen Moment für die Schwungeinleitung. Der Bewegungsfluss soll bei der gesamten Übung erhalten bleiben.

- **Landetechnik:** Die achsengerechte Bein- und Fußarbeit ist bei allen Landungen gefordert. Sie ist immer dort von besonders großer Bedeutung, wo gesprungen wird. Insofern ist es ratsam, beim Aufwärmen regelmäßig auf die Stellung von Knie- und Fußgelenken sowie auf die Fußfederung zu achten. Nicht achsengerechte Landungen der Knie bei der Landung sind z. B. X-Beine oder Landewinkel im Knie deutlich kleiner als 90 Grad. Zum Erwerb einer guten Landetechnik sollte auch über die Möglichkeit zu stürzen gesprochen werden. Das Abrollen über die Schulter muss genauso geübt werden wie das Nachfedern einer Landung.

Zusatzübungen am Pferd oder Turnpferd

Unerfahrene Voltigierer sollten alle Übungen zuerst am Turnpferd oder Boden üben. Werden die Übungen harmonisch und sicher geturnt, können sie auch am Pferd probiert werden.

- Liegestütz vorwärts oder rückwärts, ggf. mit
- Bein abspreizen, evtl. mit Drehung

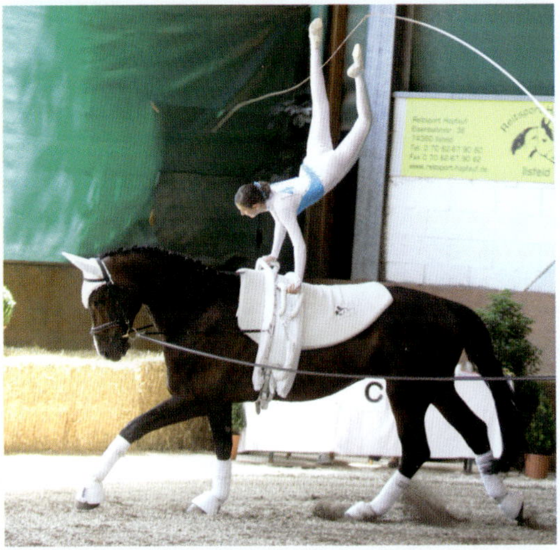

Hier müssten die Beine geschlossen und gestreckt werden, der Abdruck von den Griffen ist gut.

- Aus dem Liegestütz in den Schulterhang oder Schulterstand wechseln, ggf. zurück in den Liegestütz
- Nur richtiges Schwungholen üben, ggf. anhalten, Oberkörper kontrollieren
- Schwung holen, wenn die Beine nach hinten schwingen Oberkörper ablegen
- Stützschwung üben in bestimmtem Rhythmus, z. B. 1-2-jetzt, 1-2-jetzt, Partner zählt
- In den Schulterhang oder Schulterstand schwingen
- Aus dem Schulterstand weiches Einsitzen üben
- Stützschwung, rechtes Bein über den Hals, ohne Pause zum Sitz weiter schwingen, wieder Stützschwung, linkes Bein über den Hals, ohne Pause zum Sitz, usw.
- Aus dem Liegestütz in den Schulterhang oder Schulterstand wechseln, ggf. zurück in den Liegestütz
- Aus dem Stützschwung zum Liegestütz schwingen. Achtung! Übung kann sehr hart fürs Pferd sein! Ggf. nur am Turnpferd üben!
- Aufschwingen aus der Bank, Standwaage, Sitz in den Handstand am Turnpferd oder Boden, ggf. mit Partnerhilfe
- Stützschwung mit Partnerhilfe. Partner fängt den Voltigierer im Handstand auf.
- Weiches Einsitzen vom Gurt aus üben, mit den Füßen abspringen oder mit den Fußspitzen. Kann aus dem Stehen oder Liegestütz/Einbücken erfolgen.
- Weiches Einsitzen aus dem Schulterstand dicht am Gurt üben
- Weiches Einsitzen mit Partnerhilfe, Partner kniet, steht oder sitzt auf dem Hals und unterstützt an der Hüfte
- Weiches Einsitzen mit Partnerhilfe, Partner steht und hält den Voltigierer in der Schubkarre oder im Handstand
- Aufschwingen in die Bank, den Liegestütz, in den Schulterstand
- Stützschwung vorlings mit Partnerhilfe am Boden
- Aufschwingen auf dem Pezziball üben, auch mit Partnerhilfe
- Handstand auf dem Pezziball, wieder auf dem Pezziball landen.
- Handstandaufschwung am Pezziball, am Boden, am Turnpferd mit Partnerhilfe
- Stützschwung vorlings, Grätschsitz am Parallelbarren
- Handstände am Boden, auf der Langbank, am Kasten üben
- Am Boden Handstand aus dem Grätschstand

oder aus der Bank üben, auch am Turnpferd, ggf. mit Hilfe
- Handstand am Stufenbarren, Beine liegen auf dem oberen Holmen, Voltigierer drückt sich in den Handstand ab.
- Aus dem Kopfstand in den Handstand drücken

Gymnastische Zusatzübungen

- Alle Übungen für die Stützkraft der Arme: Klimmzüge, Liegestütze (auch einarmig), Unterarmstütz
- Liegestütz, Beine oder Arme, oder beides auf Pezzibälle, Bank oder Cavaletti legen
- Voltigierer stützt sich aus dem Stand an der Wand/Bande mit den Händen ab und schwingt wieder in den Stand zurück. Arme sollen dabei gestreckt sein.
- Krafttraining für den gesamten Rumpf
- Bauchmuskelübungen
- »Baumstamm anheben« wie oben beschrieben

Beanspruchte Muskelgruppen bei Stützschwung, Flanke und Wende

- Alle Muskeln, die die Ganzkörperspannung betreffen: Arm-, Bein-, Rücken-, Bauch- und Gesäßmuskulatur
- Rumpfmuskulatur
- Streckmuskulatur der Arme und Beine
- Hüftstrecker und Bauchmuskulatur (fürs Einsitzen)
- Knie- und Fußgelenke für die Landung

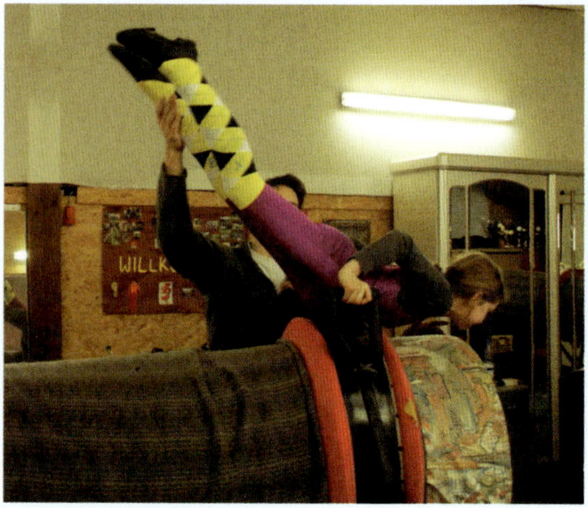

Aufschwingen mit Partnerhilfe ist eine gute Zusatzübung für den Stützschwung.

Stützschwung rücklings zur Schere

Der Stützschwung rücklings dient zur Vorbereitung auf den zweiten Teil der Schere.
In den Nachwuchsgruppen wird auf dem Turnier der Stützschwung rücklings gezeigt, die Leistungsvoltigierer turnen dann die wohl schwierigste Pflichtübung, die Schere. Anfängern gelingt es noch nicht, Übungen mit so hohen koordinativen Anforderungen zu turnen. Erst wenn ein Voltigierer die körperlichen Voraussetzungen und das optimale Bewegungsgefühl für den Galoppsprung des Pferdes hat, werden ihm Schwungübungen gelingen. Alle Übungen sollen in Harmonie mit dem Pferd aus dem korrekten Sitz erfolgen. Die Grifftechnik ist dabei freigestellt und abhängig von den Griffen des Voltigiergurts. Werden Schwungübungen hart und gegen den Galopprhythmus ausgeführt, zeigen viele Pferde deutlich ihr Unwohlsein.

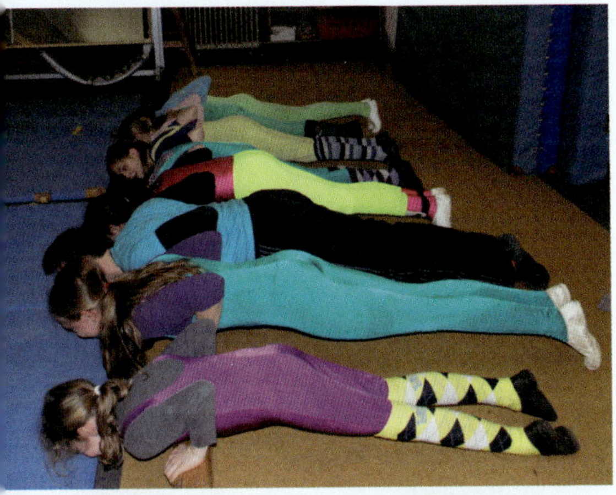

Alle Arten von Liegestütz helfen beim Training der Ganzkörperspannung und Armkraft.

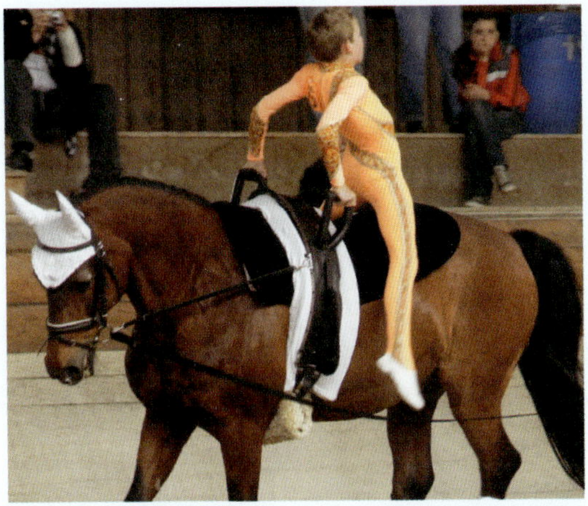

Die Bogenspannung vor dem Stützschwung rücklings und dem zweiten Teil der Schere.

Bewegungsbeschreibung Stützschwung rücklings

Aus dem aufrechten korrekten Rückwärtssitz leitet der Voltigierer durch die flüchtige Bogenspannung den Schwung ein. Die Bogenspannung wird durch eine aktive Überstreckung der Hüfte erreicht. Die gestreckten Beine ziehen nach hinten, Richtung Pferdekopf, während der Oberkörper mit fast gestreckten Armen ebenfalls in einen leichten Bogen nach hinten zieht. Diese Bogenspannung ist für eine gute Schwungentwicklung Voraussetzung.

Aus der Bogenspannung erfolgt nun das schnellkräftige Hochschwingen beider Beine zum Grätschwinkelstütz rücklings. Die Arme sind gestreckt und zwischen Beinen und Becken entsteht im Idealfall ein 90-Grad-Winkel. Die Beine sind je nach Anforderungen hüftbreit geöffnet oder geschlossen (siehe LPO). In der Abwärtsbewegung fängt der Voltigierer den Schwung mit den Armen und Beinen ab und sitzt weich und geschmeidig wieder im Rückwärtssitz ein.

Bewegungsbeschreibung Schere

1. Teil Vorwärtsschere

Wie beim Stützschwung vorlings aus dem gespannten, korrekten Vorwärtssitz mit den gestreckten Beinen von vorne Schwung holen. Die Beine sollten dabei die Griffhöhe nicht überschreiten. Sofort werden die Beine möglichst schnell nach hinten und oben geführt. Die Beine bleiben dabei hüftbreit geöffnet. Das Gewicht wird auf die Arme verlagert und der Oberkörper taucht nach vorne ab. Während des Aufwärtsschwungs sollen die Arme im Optimum ganz durchgestreckt werden. Kurz vor diesem Punkt, dem Umkehrpunkt, dreht das Becken nach innen.

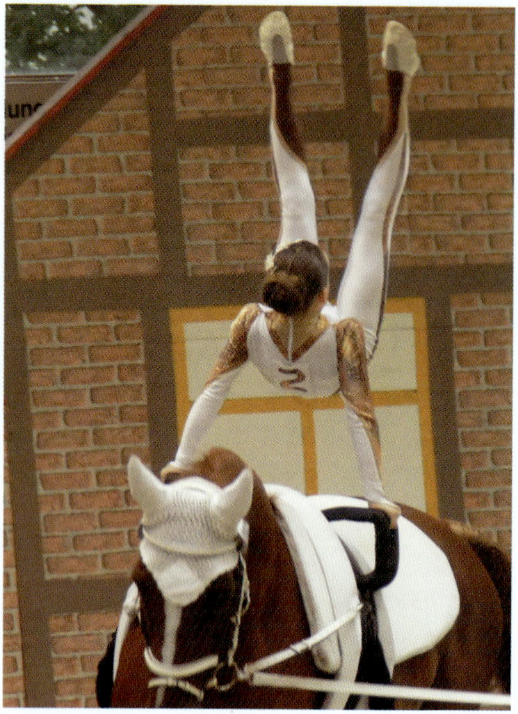

Der Stützschwung rücklings: Die Arme sind gestreckt, der Oberkörper waagerecht, Beine und Becken bilden einen rechten Winkel.

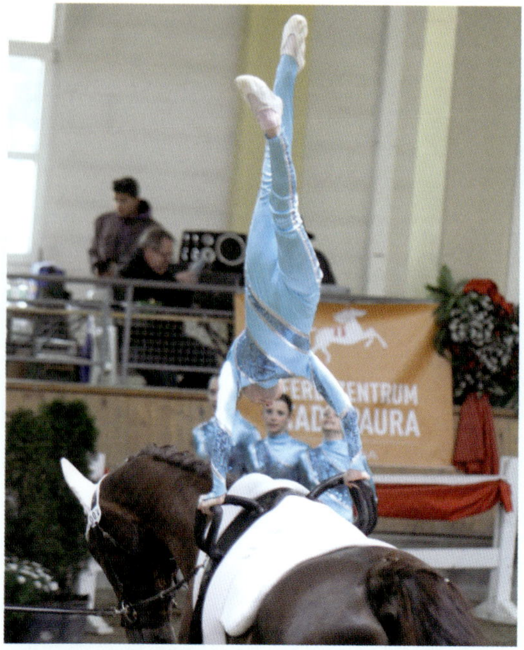

Der erste Teil der Schere: Kurz vor Erreichen des Umkehrpunkts wird das Becken nach innen gedreht.

Die Beine werden eng aneinander vorbeigeführt, das äußere Bein kommt nach innen und das innere Bein nach außen. Zum Einsitzen die Beckendrehung beenden und den Schwung mit Armen und Beinen abfangen. Die Hände greifen um und der Voltigierer sitzt im korrekten Rückwärtssitz.

2. Teil Rückwärtsschere

Wie beim Stützschwung rücklings aus dem aufrechten korrekten Rückwärtssitz durch die flüchtige Bogenspannung den Schwung einleiten. Aus der Bogenspannung erfolgt nun das schnellkräftige Hochschwingen beider Beine zum Grätsch-

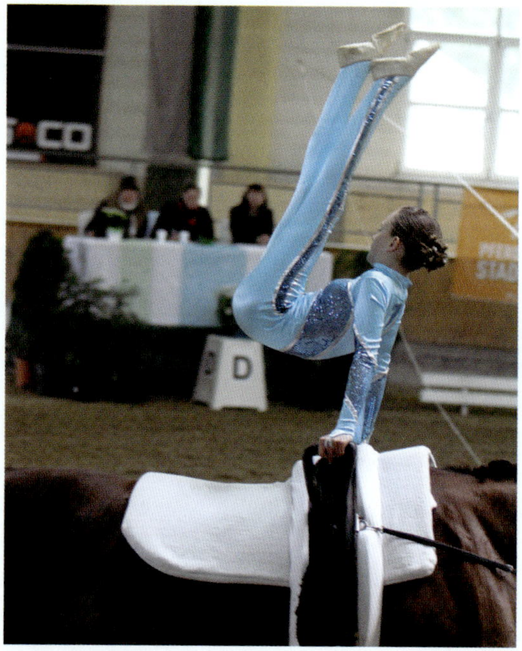

Der zweite Teil der Schere: Die Drehung wird durch das Becken eingeleitet.

Häufige Ausführungsfehler bei Stützschwung und Schere

- Rückenlage/Rundrücken: ungünstige/falsche Sitzposition, diese durch Sitzschulung verbessern, siehe auch Grundsitz
- Schwungholen gegen den Rhythmus des Pferdes
- Keine Körperkontrolle
- Schultern zu weit vor bzw. zu weit hinter dem Gurt
- Schultern hochgezogen
- Ellbogen nicht gestreckt oder zeigen nach außen
- Die Arme stützen nicht gleich viel, ein Arm stützt mehr
- Keine Armstreckung
- Kopf zu weit im Nacken, Kopf eingerollt
- Mangelnder Stütz: keine oder falsche Bogenspannung, zu wenig Arm-/Schulterkraft. Bogenspannung isoliert trainieren, Krafttraining für Schultergürtel, Armkraft trainieren
- Zusammenbrechen oder nach hinten überkippen
- Mangelndes Abtauchen des Oberkörpers beim ersten Teil der Schere
- Nicht ausreichende Ganzkörperspannung
- Beine/Knie nicht gestreckt
- Beine zu weit geöffnet
- Fehlende Beckenhöhe: durch falsche Bogenspannung, Tempo in den Beinen nicht ausreichend, Kopf auf der Brust
- Beckenhöhe kommt zu spät, erst in der Abwärtsbewegung
- Keine aktive Beckendrehung, Becken dreht erst nach dem Beinwechsel
- Einsitzen hart und unangenehm fürs Pferd, ggf. hörbar
- Ein Bein touchiert das Pferd beim Einsitzen
- Einsitzen nicht direkt am Gurt

winkelstütz rücklings. Kurz vor dem höchsten Punkt dreht das Becken nach innen. Am Umkehrpunkt wechseln die Beine. Das äußere Bein kommt nach innen und das innere Bein nach außen. Zum Einsitzen die Beckendrehung beenden und den Schwung mit Armen und Beinen abfangen. Die Hände greifen um und der Voltigierer sitzt weich und geschmeidig wieder im Vorwärtssitz.

Hauptkriterien für den Stützschwung rücklings

(siehe auch LPO und Richtlinien Voltigieren)

- **Höhe des Beckens:** Das Becken erreicht die optimale Höhe, wenn Körper und Beine im rechten Winkel stehen. Der Oberkörper ist dann parallel zum Pferderücken.
- **Stütz:** Das heißt, der Voltigierer braucht genügend Halte- und Stützkraft, um das eigene Körpergewicht in der Vorwärtsbewegung des Pferdes zu stabilisieren. Arm- und Schultergürtelmuskulatur sind dabei besonders gefordert.

Hauptkriterien für die Schere
(siehe auch LPO und Richtlinien Voltigieren)

- **Koordination der Scherbewegung:** Das heißt, mit korrekter Schwungtechnik und richtiger Koordination von Schwung- und Scherbewegung gelingt sowohl der 1. Teil als auch der 2. Teil der Schere. Das richtige Timing und Bewegungsgefühl bestimmen die Qualität der Schere.
- **Höhe und Lage des Schwerpunktes:** Die durch die korrekte Schwungtechnik erreichte Höhe bestimmt die Lage des Körperschwerpunktes. Ganzkörperspannung und Körperstabilität sind dabei Voraussetzung.

Zusatzübungen am Turnpferd, Pferd oder Boden

Unerfahrene Voltigierer sollten alle Übungen zuerst am Turnpferd üben. Werden die Übungen weich und sicher geturnt, können sie auch am Pferd probiert werden.

Für den ersten Teil der Schere können dieselben Zusatzübungen wie für den Stützschwung durchgeführt werden, siehe Kapitel Stützschwung. Weitere spezielle Übungen für die Schere und den Stützschwung rücklings:

- Bogenspannung isoliert üben
- Aufschwingen in die Bank rücklings, den Liegestütz rücklings
- Hochschwingen aus der Bank rücklings, dazu ein Bein zum Schwung holen absenken, dieses schnellkräftig hochschwingen
- Stützschwung vorlings oder rücklings mit Partnerhilfe am Boden und am Turnpferd
- Beckenschub auf dem Pezziball üben, auch mit Partner

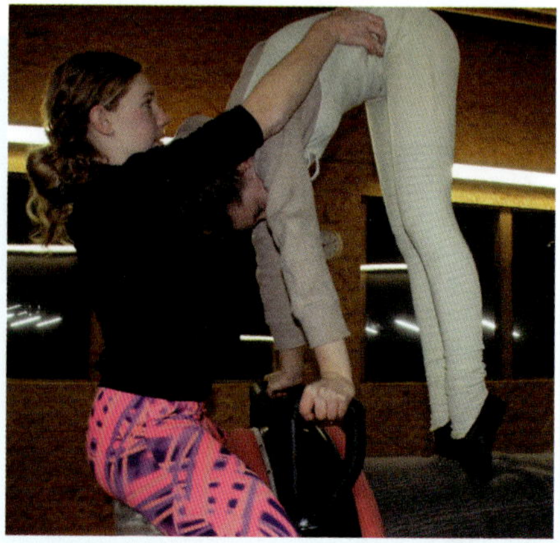

Aufschwingen und Einbücken mit Partnerhilfe ist eine gute Zusatzübung für die Schwungübungen.

- Schere auf dem Pezziball
- Handstandaufschwung am Pezziball, am Boden, am Turnpferd mit Partnerhilfe
- Aufschwingen in den Handstand aus der Fahne oder Standwaage
- Scherbewegung im Handstand am Boden und am Turnpferd üben
- Aus dem Liegestütz in den gedrehten Liegestütz wechseln, vom Liegestütz rücklings in den Liegestütz vorlings drehen
- Stützschwung vorlings und rücklings, Grätschsitz am Parallelbarren
- Grätschwinkelstütz am Boden, auf der Langbank, am Kasten üben

Beanspruchte Muskelgruppen bei Stützschwung und Schere

- Rumpfmuskulatur, Ganzkörperspannung
- Schultergürtelmuskulatur, Beweglichkeit im Schultergelenk
- Armmuskulatur
- Hüftstrecker und Bauchmuskulatur
- Bein- und Beckenmuskulatur

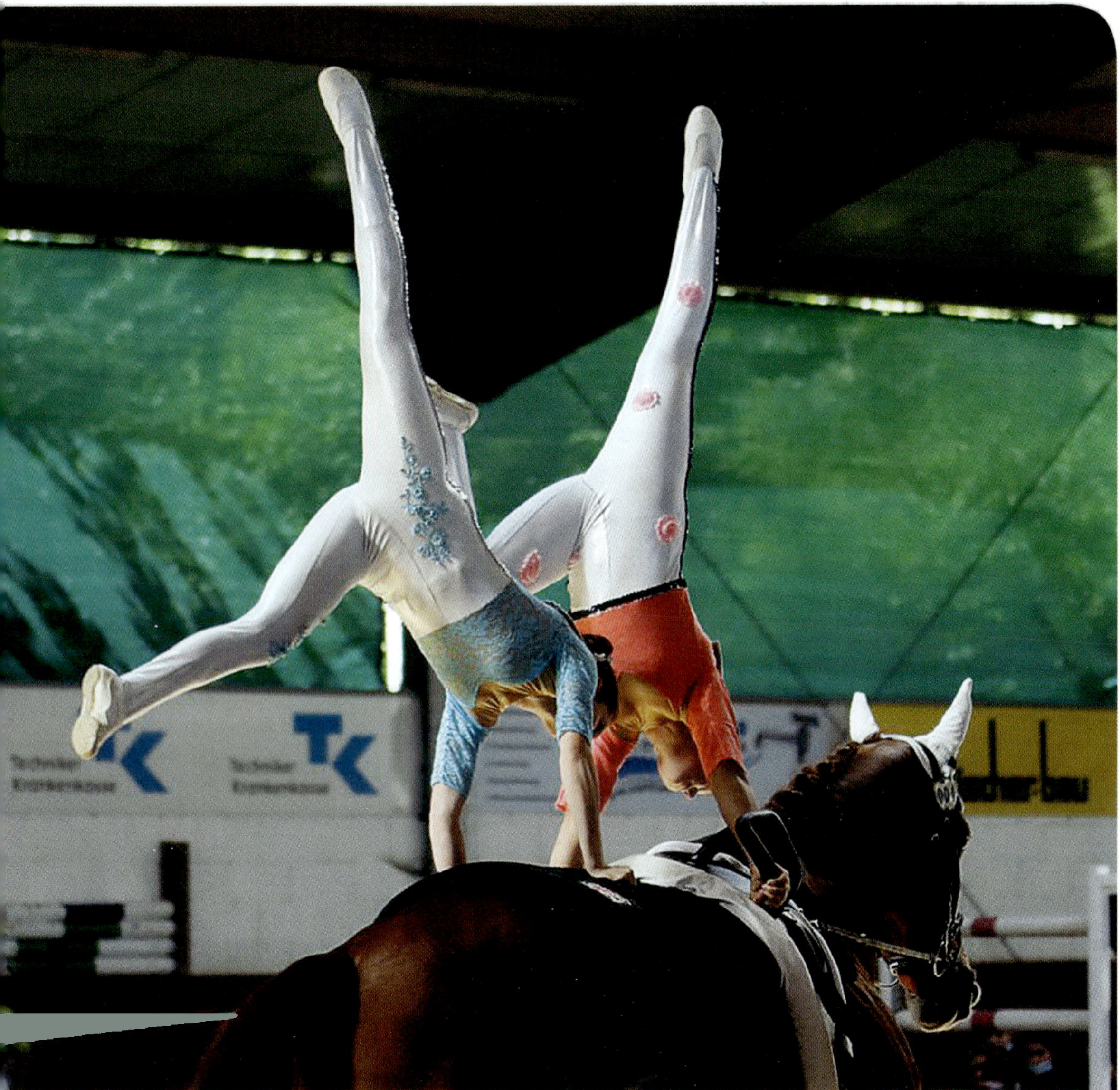

Die Kür

Kür, was ist das?

In der Kür können die Voltigierer ihre ganze Fantasie und Kreativität zum Ausdruck bringen. Gemeinsam kann das ganze Team das Kürprogramm nach ihren Neigungen und individuellen Fähigkeiten zusammenstellen. Nachwuchsgruppen turnen Kürübungen alleine und zu zweit. Die LPO schreibt für diese Gruppen Pflichtkürelemente vor (siehe Pflichtkürelemente). Auch für Schauvorführungen ist eine Anlehnung an die Pflichtkürelemente sinnvoll, da diese dem Leistungsstand vieler Gruppen entsprechen. Fortgeschrittene turnen auch Übungen mit drei Voltigierern. Hier werden auch mehr dynamische Übungen in der Kür geturnt.

Wer bei Wettbewerben starten möchte, muss sich über die jeweils gültigen Vorschriften informieren. Kürübungen können auf der rechten oder linken Hand und im Schritt, Trab oder Galopp geturnt werden. Leistungsvoltigierer voltigieren mehr auf der linken Hand und im Galopp. Wichtig für eine gelungene Kürzusammenstellung sind die folgenden Vorüberlegungen und Informationen.

Allgemeine Kriterien für die Kürzusammenstellung

Folgende Vorüberlegungen sind für die Kürzusammenstellung wichtig:

Die Zusammensetzung der Voltigiergruppe

Besteht die Gruppe aus Mädchen oder Jungen? Wie viele Voltigierer sind in der Gruppe? Welches Alter haben die Voltigierer? Welchen Leistungsstand haben sie? Welche Körpergröße haben die einzelnen Voltigierer? Über welche Kondition verfügen die Voltigierer? Haben sie Turniererfahrung?

Das Pferd

Wie groß ist das Pferd, auch im Verhältnis zu den Voltigierern? Wie alt ist es? Kann es normal belastet werden, oder ist es ggf. durch Krankheit oder Alter nur eingeschränkt belastbar? Welchen Ausbildungsstand hat das Pferd? Wie verhält sich das Gebäude in Bezug auf das Voltigieren? Hat das Pferd irgendwelche Unarten? Reagiert es auf bestimmte Dinge positiv oder negativ?

Die Musikauswahl

Passt die Musik zur Gruppe, zum Leistungsstand der Gruppe? Passt sie zum Thema? Akzeptiert das Pferd die Musik? Haben viele gerade diese Musik? Ist die Musik ruhig, langweilig, hektisch ...? Ist sie lang genug?

Regelvorgaben

Entspricht die Kür den Regelvorgaben der LPO (Leistungsprüfungsordnung), der WBO (Wettbewerbsordnung) sowie den Besonderen Bestimmungen des jeweiligen Pferdesportverbandes? Entspricht sie den Anforderungen der Ausschreibung?

Bewegungsmöglichkeiten auf dem Pferd

Es gibt viele Möglichkeiten, sich auf dem Pferd zu bewegen. Je abwechslungsreicher die Bewegung, desto interessanter wird die Kür.

- Hängen auf dem/am Pferd: Übungen wie Schulterhang, Pistole und Hängen am Griff
- Sitzen: Übungen wie Grundsitz auf dem Hals oder rückwärts

- Liegen: Alle Arten des Querliegers
- Knien: Knien in allen Bewegungsrichtungen
- Stehen: Stehen in allen Bewegungsrichtungen, Stehen auf einem Bein
- Drehen: Alle Arten des Umsteigers, Prinzensitzdrehung
- Rollen: Rolle am Hals zum Abgang, Rolle vom Hals auf den Rücken
- Rutschen: Unter einem Partner durchrutschen, von der Kruppe rutschen
- Gleiten: Aus beliebiger Position zum Sitzen eingleiten
- Springen: Jeder Aufsprung, Sprünge auf dem Pferd auch mit Partner
- Stützen: Liegestütz in allen Bewegungsrichtungen

Bewegungsbereiche am Pferd

Das Pferd bietet vier Bewegungsbereiche für die Voltigierer: den Hals, den Rücken, die Kruppe und die Seite. Voltigierübungen können auf dem Hals, dem Rücken, auf der Kruppe und an der Innen- oder Außenseite ausgeführt werden. Dadurch sind vielfältige Variationen möglich und die Kürgestaltung wird bereichert.

Bewegungsrichtungen

Voltigierübungen können in verschiedenen Bewe-

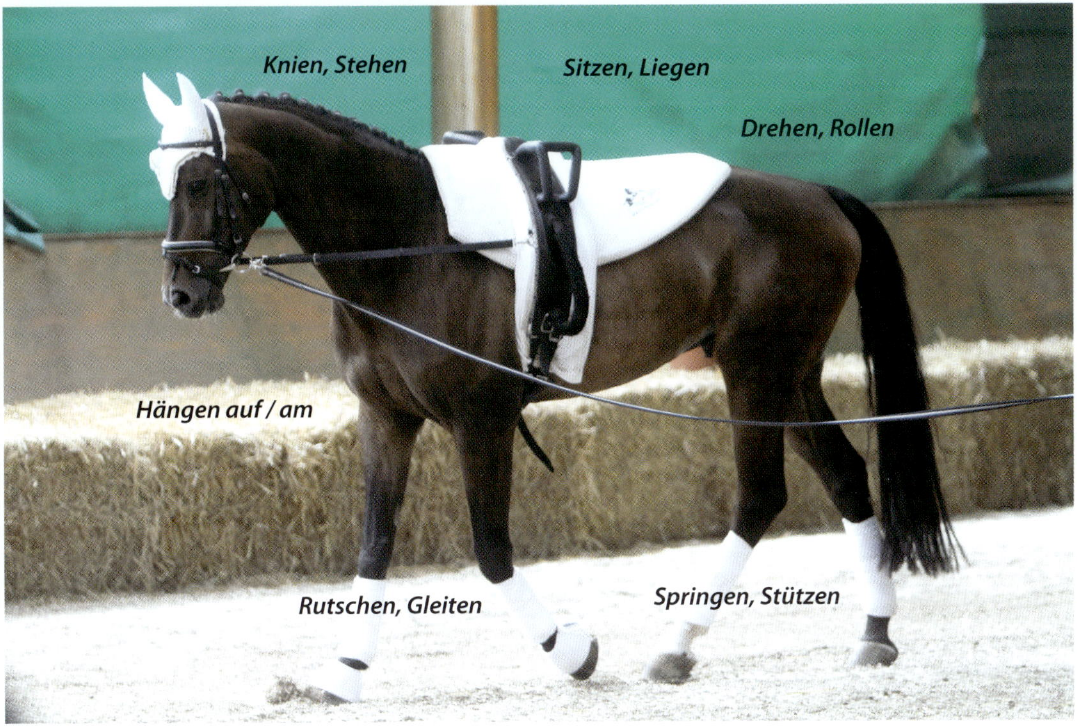

gungsrichtungen ausgeführt werden. Die Bewegungsrichtung zeigt auch die Schwierigkeit der Übung an. Führt man z. B. eine Übung rückwärts oder seitwärts statt vorwärts aus, ist diese Ausführung schwieriger und anspruchsvoller. Die Gestaltung einer Kür wird durch den Wechsel der Bewegungsrichtung interessanter und abwechslungsreicher. Es gibt drei Bewegungsrichtungen auf dem Pferd.

Stellung des Voltigierers zum Pferd

Übungen werden nach der Stellung des Voltigierers zum Pferd geordnet. Dabei unterscheidet man drei Möglichkeiten. Die Gestaltung einer Kür wird durch den Wechsel der Stellung des Voltigierers optimiert.

Körperachsen

Körperachsen sind gedachte gerade Linien durch den Körper des Voltigierers. Drehungen sind Bewegungen um eine der drei Achsen. Es gibt drei Körperachsen.

1. Längsachse/Vertikalachse (weiß)

■ Diese verläuft senkrecht durch den Körper. Dazu gehören z. B. alle Umsteiger, die Mühle

2. Querachse/Breitenachse (hellgrün)

■ Diese verläuft quer durch den Körper. Dazu gehören z. B. allen Rollen, Handstandüberschlag

3. Sagittalachse/Pfeilachse (helltürkis)

■ Diese verläuft von vorne nach hinten durch den Körper. Dazu gehört z. B. das Rad auf dem oder vom Pferd.

Bewegungsebenen

Es gibt fünf Bewegungsebenen, in denen Kür-

Bewegungsrichtungen auf dem Pferd

1. Vorwärts = vw

■ Die Übung wird in die Bewegungsrichtung des Pferdes ausgeführt, z. B. Prinzensitz vw

2. Rückwärts = rw

■ Die Übung wird rückwärts zur Bewegungsrichtung des Pferdes ausgeführt, z. B. Prinzensitz rw

3. Seitwärts = sw

■ Die Übung wird seitlich innen oder außen zur Bewegungsrichtung des Pferdes ausgeführt, z. B. Prinzensitz sw

Stellungen des Voltigierers zum Pferd

1. Vorlings = vl

■ Die Körpervorderseite des Voltigierers ist dem Pferd zugewandt, z. B. Stützschwung vorlings, Liegestütz vorlings

2. Rücklings = rl

■ Die Körperrückseite des Voltigierers ist dem Pferd zugewandt, z. B. Stützschwung rücklings, Liegestütz rücklings

3. Seitlings = sl

■ Die linke oder rechte Körperseite des Voltigierers ist dem Pferd zugewandt, z. B. einbeiniges Knien, anderes Bein zeigt zur Kruppe, Oberkörper und Arm neigen sich zum Pferdehals.

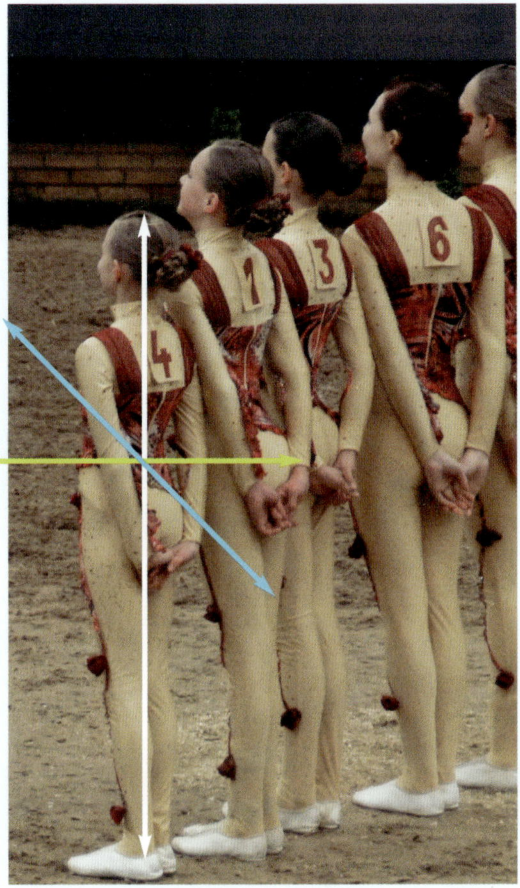

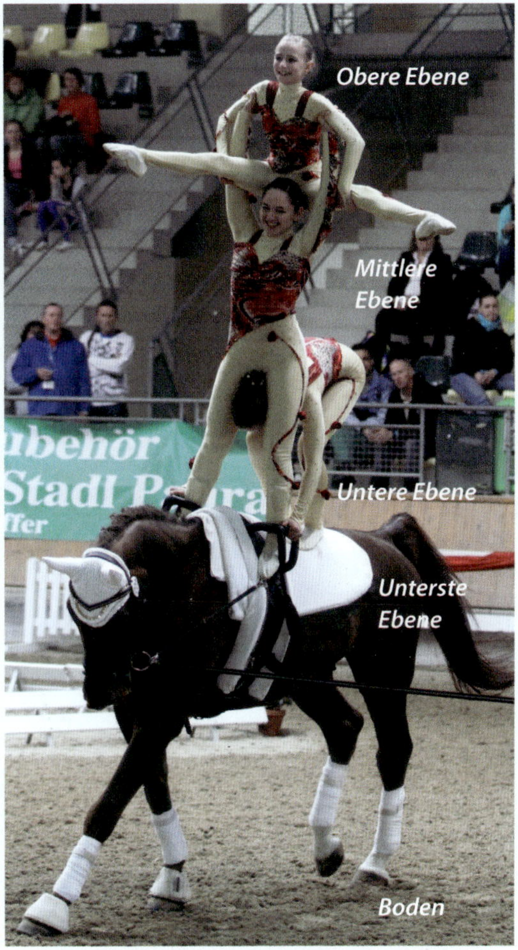

oben: Die Körperachsen
rechts: Die fünf Bewegungsebenen

übungen geturnt werden können. Je weiter entfernt die Bewegungsebene vom Pferd ist, desto schwieriger wird die Übung. Die Abwechslung der Ebenen verbessert die Kürgestaltung.

Strukturgruppen

Alle Übungen werden nach ihren Hauptmerkmalen in verschiedene Strukturgruppen eingeteilt. Dabei unterscheidet man sieben statische und drei dynamische Strukturgruppen. In einer Strukturgruppe werden Übungen zusammengefasst, die in der Bewegung Ähnlichkeiten vorweisen. Es gibt auch Übungen, die sich nicht nur einer Strukturgruppe zuordnen lassen, gelegentlich gibt es Bewegungsüberschneidungen. Aus der Basisübung, z. B. dem Sitz, können eine Vielzahl von Variationsübungen entwickelt werden wie z. B. Sitz rückwärts, Sitz auf dem Hals, Sitz auf

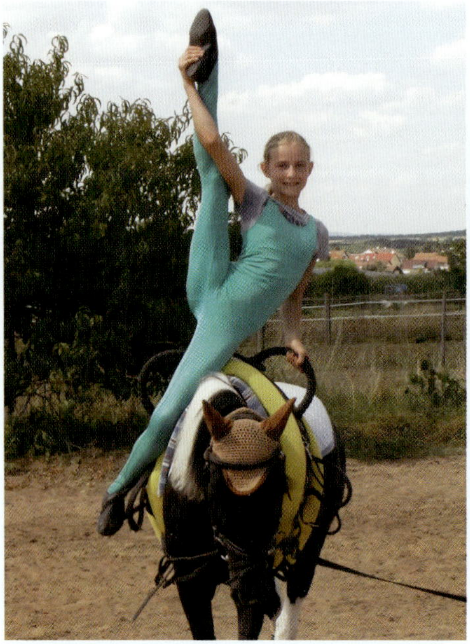

Der Standspagat gehört zur Strukturgruppe Stand mit Kopf oberhalb der Hüftachse.

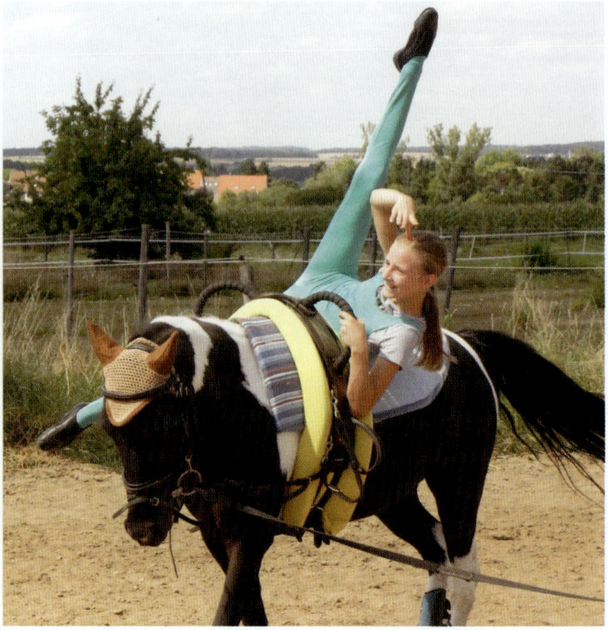

Der Querlieger gehört zur Strukturgruppe Lieger.

einem Partner usw. Die Übungen können dabei einzeln, zu zweit oder zu dritt geturnt werden.

Sieben statische Strukturgruppen

Statische Pflichtübungen werden mindestens vier Galoppsprünge, statische Kürübungen mindestens drei Galoppsprünge ausgehalten. Der Voltigierer muss diese Übungen ausbalancieren und verändert seinen Körperschwerpunkt nicht. Statische Kürübungen werden mit dynamischen Arm- oder Beinbewegungen ggf. auch passend zur Kürmusik kombiniert.

1. Sitz: Beim Sitz ist das Gesäß die Unterstützungsfläche. Beispiele sind:

- Grundsitz
- Schneidersitz
- Schultersitz auf einem Partner

2. Knien: Einer oder beide Unterschenkel bilden die Unterstützungsfläche. Beispiele sind:

- Knien vorwärts, rückwärts, seitwärts
- Einbeiniges Knien, anderes Bein auf der Kruppe
- Prinzenknien (Prinzensitz)

3. Stand: Der Körper des Voltigierers bildet eine Senkrechte über den stützenden Körperteilen. Das kann z. B. der Fuß/Füße, die Hand/Hände, der Unterarm/e, die Schulter, der Nacken oder der Kopf sein. Der Körperschwerpunkt befindet sich über dem stützenden Körperteil. Man unterscheidet

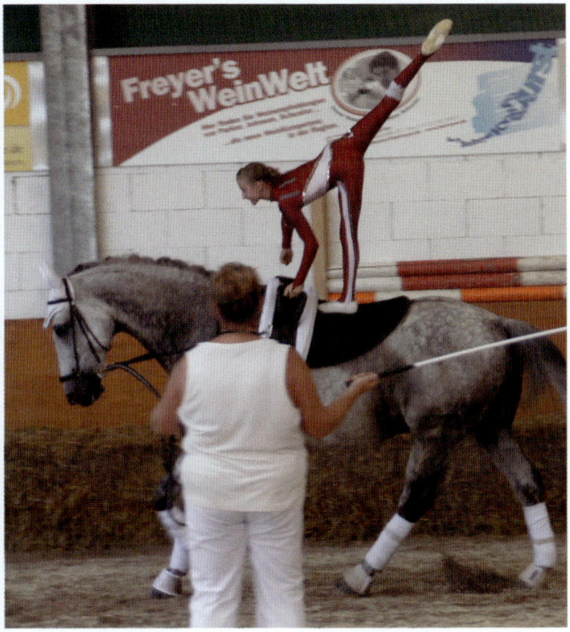

Die Standwaage aus der Strukturgruppe Waagen.

Stände mit Kopf über bzw. unter der Hüftachse.

Kopf oberhalb der Hüftachse z. B.

- Stehen vorwärts, rückwärts, seitwärts
- Standspagat
- Stehen auf der Bank oder den Schultern

Kopf unterhalb der Hüftachse z. B.

- Schulterstand
- Nackenstand
- Handstand

4. Hang: Die Schulterachse befindet sich unter dem Haltepunkt. Haltepunkte können die Griffe, die Hand/Hände des Partners oder die Schlaufen sein.

- Sitzhang (Pistole)
- Schulterhang

5. Lieger/Flieger: Becken- und Schulterachse bilden annähernd eine Waagerechte. Der Voltigierer liegt dabei auf dem Pferd oder auf einem Partner.

- **Lieger:** Position wird vom Voltigierer selbst gehalten, z. B. Querlieger auf der Bank
- **Flieger:** Position wird vom Partner/n gehalten, z. B. Schulterflieger

6. Stütz: Die Körperlast wird von den Armen getragen, die den Druck auf die Unterstützungsfläche (Pferd oder Partner) übertragen. Die Schulterachse befindet sich über der Unterstützungsfläche.

- Liegestütz
- Gehaltener Liegestütz oder Hürdensitz

7. Waage: Der Körperschwerpunkt liegt über einem Stützbein. Der Oberkörper befindet sich in annähernd waagerechter Haltung.
Unterstützungsfläche ist der Unterschenkel oder die Fußsohle. Es wird zwischen Fahnen und Standwaagen unterschieden.

- Standwaage in der Schlaufe
- Fahne in allen Variationen

Zusatzübungen für statische Kürübungen

1. Übungen mit senkrechter Körperlängsachse: Sitz, Knien, Stand, Hang

- Voltigierer überlegen sich zu jeder Gruppe (Sitz, Knien, Stand, Hang) eine Übung, ggf. in Partnerarbeit
- **Erweiterung:** Diese Übungen sollen vorwärts, seitwärts, rückwärts und auf dem Hals geturnt oder mit Armbewegungen gestaltet werden.
- Voltigierer sollen sich im Sitz, Knien, Stand

oder Hang Übungen überlegen, die z. B. ein bestimmtes Tier (Löwe) oder eine bestimmte Person (Tänzerin) darstellen.

- Ein Voltigier turnt Übungen aus den verschiedenen Gruppen. Der Partner turnt diese spiegelverkehrt ihm gegenüber mit.
- Den Zahlen eins bis vier wird eine Übung zugeordnet. Wenn die Zahl aufgerufen wird, muss der Voltigierer die richtige Übung turnen. Ein Voltigierer turnt auf dem Pferd, die anderen am Boden.
- Ein Voltigierer turnt vier Übungen vorwärts. Der Partner turnt dieselben Übungen, aber seitwärts oder rückwärts.
- Eine Übung wird verbal beschrieben. Die anderen Voltigierer müssen die Übung erkennen und der schnellste darf sie turnen.

2. Übungen mit waagerechter Körperlängsachse:

Lieger, Stütz, Bank, Waage

- Die Voltigierer überlegen sich zu jeder Gruppe (Lieger, Stütz, Bank, Waage) eine Übung, ggf. in Partnerarbeit
- **Erweiterung:** Diese Übungen sollen vorwärts, seitwärts, rückwärts oder auf dem Hals geturnt oder mit Arm- oder Beinbewegungen gestaltet werden.
- Voltigierer sollen Übungen für den Lieger, den Stütz, die Bank und die Waage überlegen, die z. B. ein bestimmtes Tier (Löwe) oder eine bestimmte Person (Tänzerin) darstellen.
- Ein Voltigier turnt Übungen aus den verschiedenen Gruppen. Der Partner turnt diese spiegelverkehrt, ihm gegenüber mit.

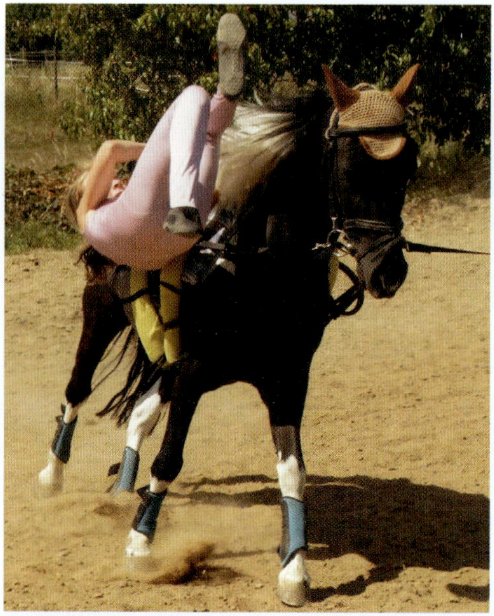

Der Rollabgang gehört zu den Drehungen um die Querachse.

Drei dynamische Strukturgruppen

1. Drehung: Drehungen sind Bewegungen um eine der drei Körperachsen. Kombinierte Drehungen drehen um mehrere Körperachsen, z. B. Schraubensalto.

- Zu den Drehungen um die Längsachse gehören der Prinzensitz mit Drehung, die Mühle und alle Umsteiger, die Schere und Drehsprünge.
- Zu den Drehungen um die Pfeilachse gehören alle Räder.
- Zu den Drehungen um die Querachse gehören alle Rollen, Kippen, Überschläge und Salti.

2. Schwung: Durch schnelle Ausholbewegung der Beine, der Arme oder anderer Körperteile wird so viel Bewegungsenergie erzeugt, dass der ganze Körper bewegt wird.

- Stützschwung vorlings und rücklings

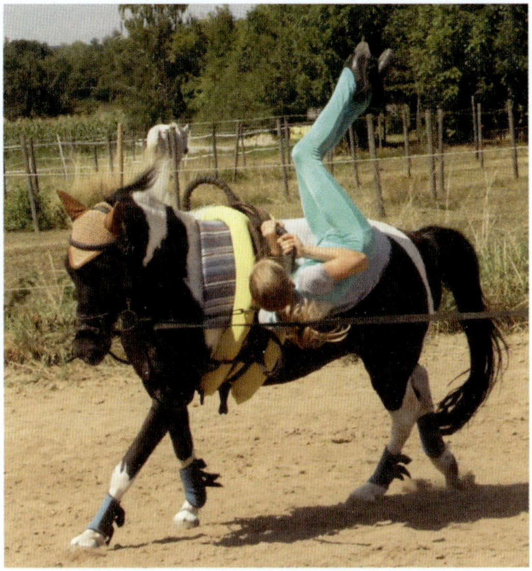

Alle Aufsprünge gehören zur Strukturgruppe Sprung, hier der Aufsprung zum Außensitz.

- Wende nach innen und außen
- Aufschwung zwischen Partnern

3. Sprung: Der Voltigierer drückt sich durch schnellkräftiges Strecken der Beine vom Pferd oder Partner oder Boden ab. Der Körperschwerpunkt gewinnt entgegen der Schwerkraft an Höhe.

- Alle Aufsprünge
- Strecksprung
- Sprünge auf dem Pferd

Zusatzübungen für dynamische Kürübungen

Übungen für Kürauf- und abgänge

Am Boden

- Baumstamm tragen
- Partner zwischen zwei Voltigierern hin- und herschieben
- Voltigierer stellen sich gegenüber zur Gasse, Arme werden mit dem Gegenüberstehenden verschränkt, ein Voltigierer legt sich auf die Arme und wird bis zum Ende der Gasse geworfen, Vorsicht beim Ablassen!
- Wie ein Roboter gehen oder wie eine Marionette

Landetechnik üben

- Auf- und Niedersprünge vom Cavaletti
- Mit möglichst wenig Schritten/Sprüngen durch die Halle (Breite oder Länge auswählen)
- Mit oder ohne Hilfestellung vom Turnpferd/Pferd springen aus verschiedenen Positionen, wichtig ist dabei die richtige Landung, nachfedern!
- Zwei stehende Partner ziehen einen dritten am Turnpferd durch
- Auf dem Trampolin, Sprungbrett federn Landungen, Laufen in einer Weichbodenmatte
- Sprünge auf Matten
- Seilspringen in allen Variationen
- Springen über kleine Hindernisse wie Seile, Stäbe, Kartons, Kinder usw.

Übungen für Übergänge und Schwünge

- Turnübungen aller Art: Rollen, Räder, Handstände, Sprünge, Drehungen, Dehnelemente usw. Diese in Verbindungen bringen und am Boden mehrfach turnen.
- Kleine Übungsfolgen mit Arm- oder Beinbewegungen ausschmücken, ggf. Richtungswechsel durch/mit Drehungen und zur Musik.
- Übungsgeräte wie Cavaletti oder Balken, Reckstange, Barren, Turnpferd mit einbeziehen

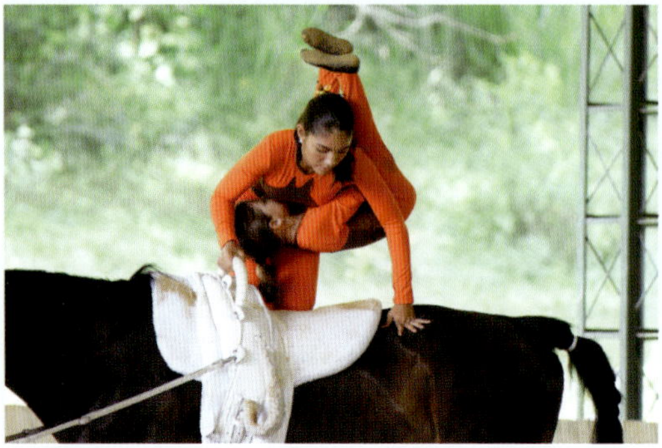

Rolle von der Bank: Eine Kombination aus einem statischen und einem dynamischen Element.

- Ein Voltigierer beginnt sich zu bewegen/zu turnen, erstarrt, nächster muss weiter gestalten, auf dem Boden oder am Turnpferd
- Schattenturnen, bzw. -voltigieren

Übungen für Sprünge und Drehungen

- Turnübungen aller Art: Rollen, Räder, Handstände, Sprünge, Drehungen, Dehnelemente usw. Diese in Verbindungen bringen und am Boden mehrfach turnen.
- Kleine Übungsfolgen, ggf. Richtungswechsel durch/mit Drehungen und Sprüngen
- Auf- und Niedersprünge mit und ohne Drehung am Cavaletti oder Balken oder Turnpferd turnen.
- Sprung- und Drehkombinationen durch die Bahn, z. B. an der kurzen Seite
- Sprünge und Drehungen mit Seilen oder Reifen

Zur Ausführung von Kürübungen

Die Ausführung von Kürübungen hat eine zentrale Bedeutung. Eine leichte, aber gut ausgeführte Kür ist für alle Beteiligten – Voltigierer, Pferd und ggf. Zuschauer – positiver als eine schwere, nicht dem Leistungsstand der Gruppe angepasste, schlecht ausgeführte Kür. Eine gute Ausführung ist nur mit der richtigen Technik möglich. Die Bewegungsausführung und die Technik aller Pflichtübungen sind in der LPO festgelegt. Kürübungen sind Variationen der Pflichtübungen und unterliegen den gleichen Bewegungsausführungen und der gleichen Technik. In Idealform werden alle Übungen mit einem geringen Kraftaufwand geturnt. Eine korrekte Bewegungstechnik und Ausführung ist von Anfang an für die Lernfortschritte der Voltigierer von Bedeutung. Sie hilft aber nicht nur den Voltigierern, sondern auch dem Pferd.

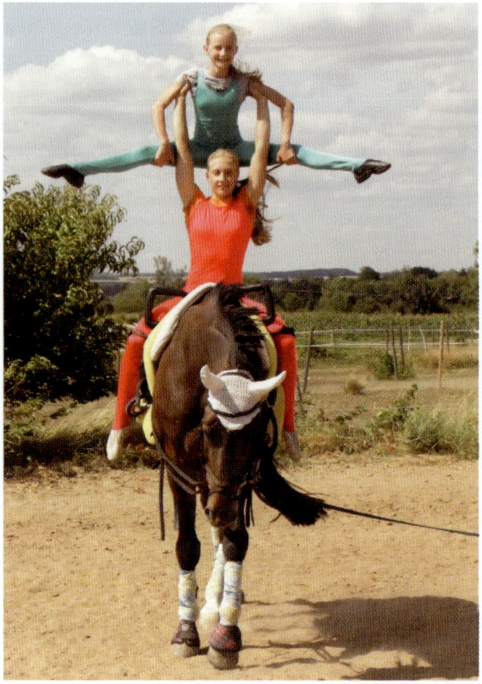

Die hochgestützte Grätsche: hier als L-Element mit sitzendem Untermann ...

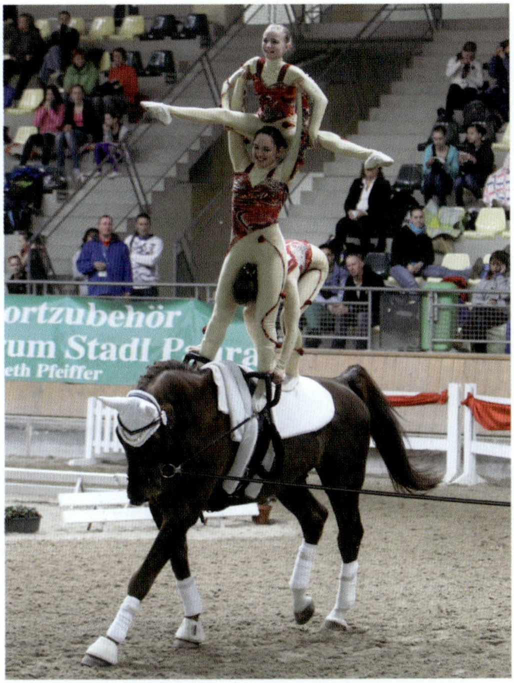

... hier als S-Element mit stehendem Untermann.

Im Anhang des Aufgabenheftes Voltigieren werden im Kürkatalog die Kürübungen nach Schwierigkeitsgraden eingeteilt.

Kriterien für die Einordnung von Kürübungen in Schwierigkeitsgrade

Die Schwierigkeit einer Kürübung kann an folgenden Kriterien festgemacht werden. Die einzelnen Punkte sind bereits vorher ausführlich beschrieben worden.

1. Anzahl und Sicherheit der Haltepunkte
2. Bewegungsrichtung (vorwärts, rückwärts, seitwärts)
3. Höhe/Abstand zum Pferd bzw. von den Griffen
4. Größe der Kontaktfläche zum Pferd oder Partner
5. Kompliziertheit der Bewegung (Achsen)
6. Wechsel der Bewegungsrichtung (Dynamik)
7. Aufsprünge an der Innen- bzw. Außenseite des Pferdes

Vorüberlegungen zur Auswahl der Übungen

Folgende Vorüberlegungen sollten überdacht werden, bevor Übungen für eine neue Kür ausgewählt werden. Eine schöne, zufriedenstellende Kür wird das gesamte Team mehr motivieren als eine ohne große Überlegungen zusammengeschriebene Übungsabfolge. Die Voltigierer sollten an der Kürzusammenstellung mitwirken und ihre besonderen Stärken und Vorlieben zeigen dürfen. Kein Voltigierer muss eine Übung turnen, die ihm total widerstrebt oder die ihm Angst macht. Es gibt so viele Übungen, dass sich für jeden etwas finden lässt. Sind die Voltigierer so in die Auswahl involviert, werden sie auch gerne und mit Freude diese Kür turnen.

Weitere Vorüberlegungen, die die Übungsauswahl beeinflussen:

Bewegungsvielfalt wird durch das Umturnen des Pferdes demonstriert, das bedeutet Positionswechsel, verschiedene Bewegungsrichtungen und Bewegungsebenen. Leere und langweilige Elemente im Küraufbau lassen den Kürvortrag monoton erscheinen und mindern so seinen Wert, ebenso wie ständig gleiche Positionen, Bewegungsrichtungen und Armbewegungen. Über die gesamte Kür müssen die Schwierigkeit und die Höhepunkte gleichmäßig verteilt sein. Ein Abfallen der Gestaltung zum Ende hin soll vermieden

werden. Nach dem Abläuten muss die Kürvorstellung beendet werden. Weitere Übungen führen zum Abzug in der Gestaltungsnote. Die Abgänge sollen aus den letzten Positionen erfolgen.
Die Kür soll den Eindruck von Kreativität, Originalität und auch Musikalität vermitteln. Sie muss aber zur Gruppe passen und darf nicht aufgesetzt wirken. Das Wichtigste ist jedoch die Harmonie von Mensch und Pferd!
In höheren Leistungsklassen erfolgt die Bewertung nach athletischen und choreografischen Aspekten. Dazu können sich die Gruppen ein Motto oder ein Thema auswählen.

Musikauswahl

Musik für einen Wettbewerb oder eine Schauvorführung zu finden bedarf einiger Vorüberlegungen. Die ausgewählte Musik kann die Vorführung unterstützen, ggf. die Highlights hervorheben, sie kann die Vorführung aber auch stören!
Die Musik soll zum Können und zum Stil der Gruppe passen. Für Nachwuchsgruppen reicht oft die Musik im Hintergrund. Die Voltigierer sind so auf die Ausführung fixiert, dass sie es noch nicht schaffen, zu Musik zu turnen. Diese Fähigkeit muss sich erst entwickeln. Die Musik soll auch auf das Pferd abgestimmt sein. Sie kann ggf. die Galoppade unterstützen, aber keinesfalls soll das Pferd negativ auf die Musik reagieren. Ist Musik zu unruhig oder ist der Bass zu stark, bekommen viele Pferde Angst. Reagiert ein Pferd auf die ausgewählte Musik negativ, muss sofort eine andere

Musikauswahl konkret

Wurde eine Musik ausgewählt, gilt es, die Musik nochmals nach folgenden Kriterien zu prüfen:

- Hat die Musik einen klaren Verlauf? Klaren Anfang, klares Ende? Dies gilt auch für die evtl. schon zusammengeschnittene Musik.
- Sind die Musikwechsel so, dass sie die Voltigierer in der Kürgestaltung unterstützen, sind sie unnütz, verwirren sie oder stören sogar?
- Unterstützt die Musik Höhepunkte durch z. B. Crescendo, Pause oder Stille?
- Kann diese Musik wirklich interpretiert werden? Kann sie von der eigenen Gruppe wirklich interpretiert werden?
- Passt die Musik zur Persönlichkeit, zum Stil, zum Thema der Voltigierer?
- Wie wirkt die Musik aufs Pferd? Akzeptiert das Pferd die Musik? Bekommt das Pferd Angst oder reagiert auf bestimmte Passagen negativ?
- Hört man die Musik häufig, andauernd, bei vielen anderen Gruppen oder ist es eine aktuelle Musik aus den Top 10?
- Verbindet man die Musik mit Spitzenvoltigierern und denkt dabei an die genialen Küren dieser Voltigierer?
- Passt die Musik zu der ausgewählten Kür, zum Trikot, zum Leistungsstand?
- Überdeckt die Qualität der Bewegungen zur Musik den technischen Wert, die Ausführung, die Schwierigkeit der Vorstellung?

Können diese Punkte positiv beantwortet werden, ist die Auswahl gelungen.

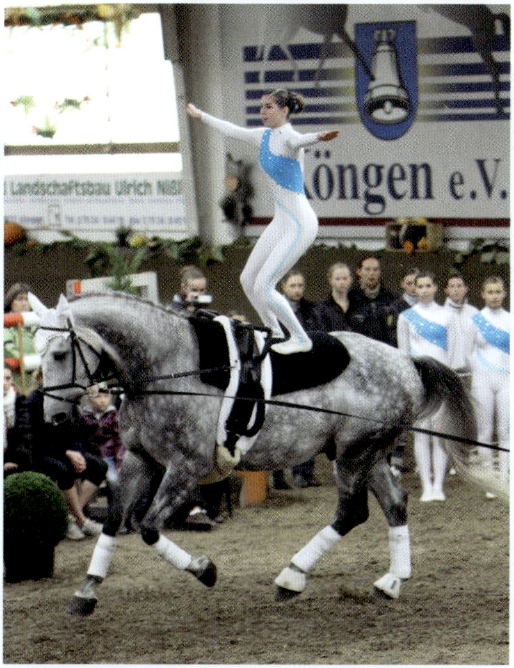

Ein harmonisches Bild: Das Pferd geht zufrieden mit guter Bergauf-Galoppade.

Musik ausgewählt werden. Um die Pferde an Musik zu gewöhnen, sollte auch im Training Musik verwendet werden.

Die Kürmusik darf keinesfalls zu dominant sein! Auch Kürmusik, die von vielen Gruppen verwendet wird, ist ungeschickt und langweilt dann vielleicht die Zuschauer und die Juroren.

Kürmusik kann aus mehreren Musikstücken bestehen. Dabei müssen die verschiedenen Musiken ohne Pausen und ohne abrupte Wechsel geschnitten werden. Auch die Lautstärke der einzelnen Musiken muss abgestimmt werden. Es empfiehlt sich, nicht zu viele Musikwechsel einzubringen. Die Zusammenstellung ist einfacher, wenn die verschiedenen Musiken im Stil zueinander passen. Dies erleichtert die Interpretation, wenn die Kür ein Thema oder eine Geschichte hat.

Für Nachwuchsgruppen eignet sich eher Instrumentalmusik, da Gesang auch von der Vorführung ablenken kann und oft mehr Anforderungen an die Interpretation stellt. Für Leistungsgruppen und Schaunummern kann auch Vokalmusik gewählt werden. Welche Musik für Turniere aktuell erlaubt ist, regelt die LPO.

Die Musik muss den Voltigierern gefallen und zu ihnen passen. Deshalb müssen die Voltigierer in die Auswahl miteinbezogen werden. Jeder wird zu Musik, die ihm gefällt besser turnen, als wenn er die Musik ablehnt. Wichtig ist aber auch, dass die Musikauswahl auch denen gefällt, die die Vorstellung sehen und bewerten. Oft passt die Musik, die die Voltigierer in ihrer Freizeit hören, nicht unbedingt für eine Voltigiervorführung.

Harmonie mit dem Pferd

Die Harmonie zwischen dem Pferd und seinen Voltigieren ist das Wichtigste beim Voltigieren überhaupt. Wenn ein Pferd keine Freude am Voltigieren zeigt, muss nach der Ursache geforscht werden. Mögliche Gründe könnten sein:

- Das Pferd ist krank.
- Das Pferd hat Rücken- oder Zahnprobleme.
- Das Pferd ist an bestimmten Köperstellen empfindlich.
- Die Voltigierausrüstung passt nicht.
- Das Pferd ist müde und hat an diesem Tag schon viel getan.
- Äußere Umstände stören das Pferd wie z.B. Lärm, Hitze oder Kälte, der Boden usw.
- Ausbildungsstand und Anforderungen an das Pferd passen nicht zusammen.
- Das Pferd ist zum Voltigieren nicht geeignet.

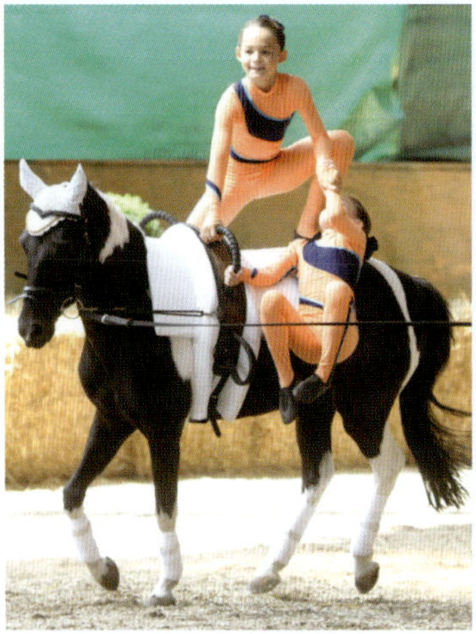
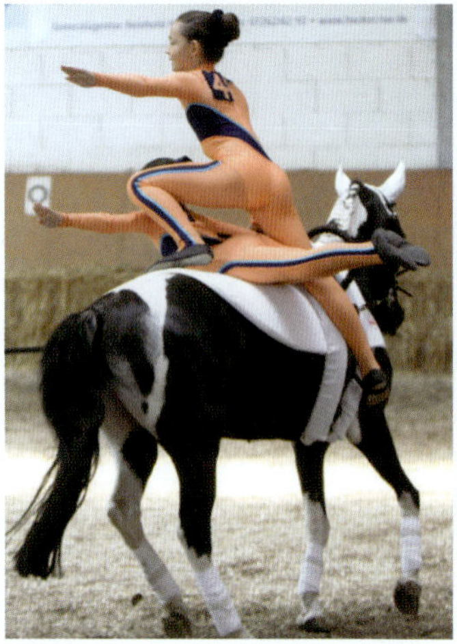
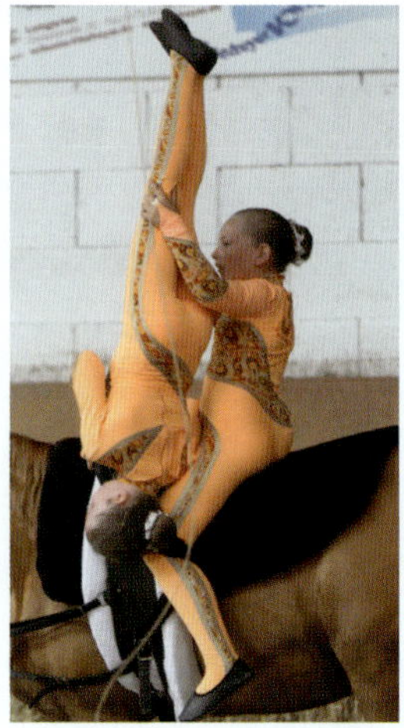

v.l.n.r.: Der Rollaufgang deckt das Pflichkürelement Rollbewegung ab. – Das Pflichtelement Querlieger, hier als Bauchlieger, in Kombinationen mit einer Übung in der Schlaufe, dem Schlaufenstand. – Der gehaltene Schulterstand.

Harmonie zwischen Pferd und Voltigierern ist nur möglich, wenn der Voltigierer auf das Pferd und seine besonderen Bedürfnisse eingeht. Das kann aber auch heißen, dass nicht alle Übung, Bewegung und Musiken möglich sind! Die Voltigierer müssen sich ganz auf ihr Pferd einstellen! Die große Kunst ist es, bei einer Vorführung trotz aller Vorgaben und Einschränkungen, Stärken zu zeigen, ohne dass eventuelle Schwächen auffallen.

Pflichtkürelemente für Nachwuchsgruppen

Das Regelwerk, die LPO fordert Pflichtkürelemente für Nachwuchsgruppen. Die Pflichtkürelemente fragen erforderliche Grundlagen ab und bewahren Nachwuchsgruppen vor Überforderung. Im Nachwuchsbereich dürfen nur Einzel- und Doppelübungen gezeigt werden. Erst Fortgeschrittenengruppen turnen zu dritt auf dem Pferd. Die Pflichtkürelemente für A-Gruppen im Einzelnen:

1. Aufsprung zum Innensitz oder Außensitz

2. Aufsprung zum Knien

3. Kürabgang aus der mittleren Ebene

- Rolle vorwärts von einem Partner von der kleinen oder hohen Bank
- Über die hohe Bank aus dem Handstand abrollen

4. Statische Übung in der mittleren Ebene

- Stehen seitwärts, Liegestütz einbeinig

5. Drehung um die Längsachse, min 180 Grad

6. Drehung um die Querachse

- Rolle am Hals als Abgang
- Rolle rückwärts vom Vorwärtssitz auf dem
- Hals zum Knien auf dem Rücken
- Rolle rückwärts aus der Rückenlage auf dem Rücken in den Rückwärtssitz auf den Hals

7. Kniestand frei

- Vorwärts, seitwärts, rückwärts oder auf dem Hals

8. Standwaage

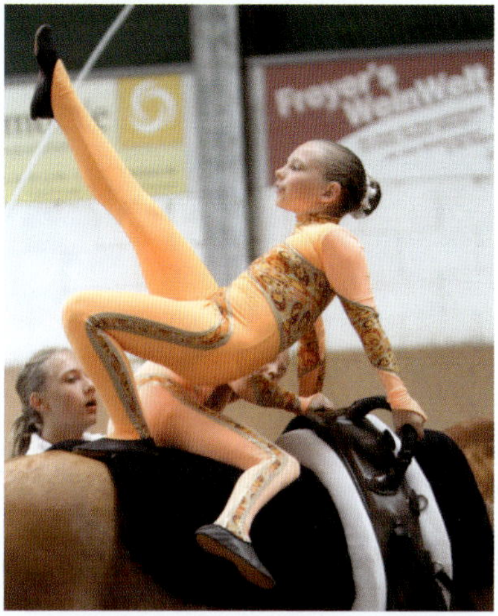

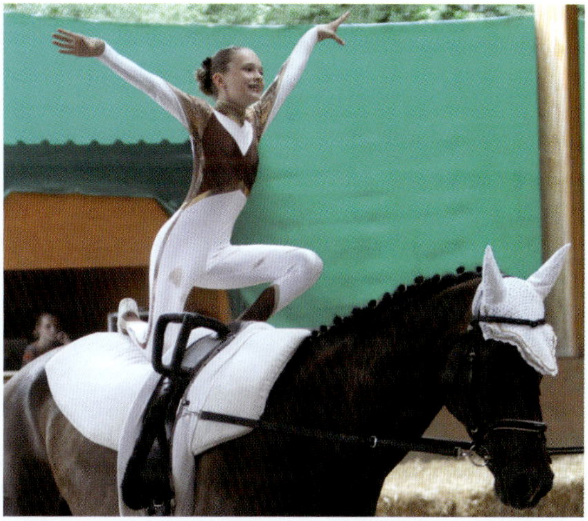

links: Die Bank rücklings mit abgespreiztem Bein. rechts: Der Prinzensitz vorwärts frei.

9. Stehen rückwärts

10. Querlieger (alle Varianten)

- Bauchlieger (Brett) seitwärts
- Querlieger seitwärts, Voltigierer liegt auf der Seite
- Quer- oder Bauchlieger auf einem Partner

11. Schulterstand mit Partnerhilfe

- Partner sitzt oder kniet auf dem Rücken und hält den Partner im Schulterstand auf dem Hals
- Partner steht im Schlaufenstand außen und hält den Partner im Schulterstand auf dem Hals oder auf dem Rücken

12. Bank rücklings auf der Kruppe mit abgespreiztem Bein

Beispiel für eine Kürzusammenstellung für Nachwuchsgruppen

Wie bereits beschrieben fordert das Regelwerk (LPO) Pflichtkürelemente für die Kür von Nachwuchsgruppen. Wird die Kür für Schauzwecke zusammengestellt, kann diese frei ohne Vorgaben komponiert werden. Will die Gruppe an einem Wettbewerb teilnehmen, müssen die Vorgaben aus der LPO, die Besonderen Bestimmungen des Pferdesportverbandes und die Ausschreibung berücksichtigt werden. Hier ein Beispiel einer Kür für acht Voltigierer unter Berücksichtigung der Pflichtkürelemente. Die Pflichtkürelemente sind jeweils kursiv.

- 1:

Aufsprung zum Außensitz, Armbewegung, **Drehung um die Längsachse, 180 Grad (Umsteiger)** auf den Hals zum Rückwärtssitz (1. Voltigierer).

- 2:

2. Voltigierer **Aufsprung zum Knien**, 1. Voltigierer sitzt auf dem Hals, 2. Voltigierer zeigt Stehen rückwärts, Partner hält ihn an der Hüfte, Armbewegung.

■ 3:
2. Voltigierer sitzt zum Rückwärtssitz auf dem Rücken ein, 1. Voltigierer geht vom Hals mit halber Drehung nach außen ab, 2. Voltigierer zeigt die **Bank rücklings mit abgespreiztem Bein**.

■ 4:
3. Voltigierer macht einen Aufgang unter die Bank, 2. Voltigierer kommt in den Innensitz und geht ab, 3. Voltigierer geht zum Außensitz, dann mit dem rechten Fuß in die Außenschlaufe zur **Standwaage in der Schlaufe**.

■ 5:
4. Voltigierer springt ins Knien auf, gemeinsam Standwaage in der Schlaufe und Standwaage auf dem Rücken. 3. Voltigierer geht über den flüchtigen Außensitz außen ab.

■ 6:
4. Voltigierer zeigt den **Kniestand** vorwärts frei mit schöner Armbewegung, danach einsitzen.

■ 7:
5. Voltigierer springt dahinter ins Knien, Grundsitz/Knien mit Armbewegung, hinterer Voltigierer steht auf, geht über die äußere Schulter des Partners zum **gehaltenen Schulterstand**, 4. Voltigierer hält ihn an den Knien, danach Abgang aus dem Schulterstand nach innen.

■ 8:
4. Voltigierer steht mit dem rechten Fuß in die Schlaufe, linker Fuß steht auf dem Pferderücken, holt Voltigierer Nr. 6 im **Rollaufgang (Drehung um die Querachse)** hoch in die Bauchlage (Felgaufsprung), Schlaufenstand und **Querlieger**, gemeinsame Armbewegung

■ 9:
4. Voltigierer zeigt den einbeinigen Liegestütz auf der Kruppe (statische Übung, mittlere Ebene).

■ 10:
6. Voltigierer turnt einen Standspagat in der Schlaufe außen, gleichzeitig springt Nr. 7 ins Sitzen auf dem Rücken auf,

■ 11:
6. Voltigierer setzt sich hinter Nr. 7, Nr. 6 turnt Stehen über der Bank Nr. 7, Nr. 6 rollt von der Nr. 7 seitlich nach innen ab **(Kürabgang aus der mittl**eren Ebene).

■ 12:
7. Voltigierer geht mit einem Umsteiger auf den Hals, im **Rückwärtssitz auf dem Hals** schöne Armbewegung, gleichzeitig springt Nr. 8 in den Innensitz auf.

■ 13:
Nr. 7 geht mit dem rechten Fuß in die Schlaufe, linker Fuß hinter Nr. 8 auf den Rücken, Blickrichtung nach innen, gemeinsame Armbewegung.

■ 14:
Nr. 7 geht in die Standwaage auf dem Rücken, Nr. 8 geht in den Querlieger, Blick nach außen.

■ 15:
Nr. 7 geht übers Knien nach innen ab, Nr. 8 geht in den Liegestütz seitlich, Blick nach außen, durchhocken durch die Arme mit beiden Beinen nach außen, in Bewegungsrichtung landen.

Beispiel für eine Kürzusammenstellung für Fortgeschrittene (L-Gruppe)

Jedes Voltigierteam, das an einem Wettbewerb teilnimmt, muss die Vorgaben der LPO, die Besonderen Bestimmungen des Pferdesportverbandes und die Ausschreibung berücksichtigen. Nach

diesen Richtlinien kann die Kür zusammengestellt werden. Wird die Kür für eine Vorführung zusammengestellt, kann diese frei ohne Vorgaben gebaut werden.
Hier ein Beispiel einer Kür für acht Voltigierer, Leistungsklasse L (siehe LPO). Die Kür enthält Einzel-, Doppel- und Dreierübungen.

■ 1:

1. Voltigierer Aufsprung zum Hänger außen, Übergang auf den Hals zum Rückwärtssitz.

■ 2:

2. Voltigierer Aufsprung zum Knien seitwärts (Hilfe von oben), 1. Voltigierer sitzt auf dem Hals, 2. Voltigierer steht auf und zeigt einen Standspagat seitwärts, Partner hält ihn dabei, abbauen zum Stehen seitwärts.

■ 3:

2. Voltigierer zieht den 3. Voltigierer ins Stehen vor ihn, Armbewegung beim Doppelstehen seitwärts, Halssitzer hält die beiden. 3. Voltigierer hängt sein rechtes Bein über den linken Arm des Halssitzer, die rechte Hand bekommt der Seitwärts-Steher, 3. Voltigierer lässt sich zum Hänger innen ab, hält ihn aus, geht dann nach innen ab.

■ 4:

2. Voltigierer sitzt zum Vorwärtssitz ein, 1. Voltigierer schwingt in den Schulterstand, 2. Voltigierer hält ihn, dann geht 1. Voltigierer nach innen ab.

■ 5:

2. Voltigierer legt sich auf den Rücken ab und fängt 4. Voltigierer am rechten Bein zum Liegestütz, gehaltenen Liegestütz aushalten, 4. Voltigierer macht über den flüchtigen Außensitz einen Umsteiger auf den Hals. 2. Voltigierer kommt zum Knien und geht über den Stütz nach außen ab.

■ 6:

5. Voltigierer springt ins Knien auf, 4. und 5. Voltigierer turnen eine Fahne auf dem Hals und eine Fahne auf dem Rücken (diese Fahne evtl. auch rückwärts).

■ 7:

4. Voltigierer geht in den Außensitz auf dem Hals, rechter Fuß in die Schlaufe und linker Fuß auf den Rücken stellen. 5. Voltigierer Innensitz, linker Fuß in die Schlaufe, rechter Fuß auf den Rücken, doppeltes Schlaufenstehen, gemeinsame Armbewegung mit den hinteren Armen (ggf. die Beine auf dem Rücken gestreckt auflegen)

■ 8:

4. Voltigierer geht über den flüchtigen Außensitz außen ab

■ 9:

5. Voltigierer geht zurück auf den Rücken, in die Standwaage, 6. Voltigierer springt unter die Standwaage in den Außensitz zum Querlieger, Standwaage und Querlieger aushalten, 4. Voltigierer macht über den 5. Voltigierer eine Rolle am Hals ab. 5. Voltigierer macht einen Umsteiger zum Rückwärtssitz auf dem Hals.

■ 10:

6. Voltigierer springt mit Hilfe in den Hänger innen am Pferd (Bauch zeigt zum Pferd), legt sich in den Bauchlieger ab und hockt in die hohe Bank seitwärts auf, rechter Fuß dabei im Außengriff, rechte Hand beim Halssitzer.

■ 11:

Gemeinsam holen sie den 7. Voltigierer im Rollaufgang aufs Pferd (Halssitzer hat mit seiner rechten Hand die rechte Hand von Nr. 7, Steher hat mit seiner linken Hand die linke Hand von Nr. 7, dieser springt rückwärts ab und rollt ins Knien, ggf. auch Stehen auf den Pferderücken.)

■ 12:

Nr. 5 sitzt auf dem Hals und hält Nr. 6, diese steht seitwärts, rechter Fuß im Griff, rechte Hand am Innengriff. Nr. 7 steht hinter Nr. 6. Jetzt stellt Nr. 7 den linken Fuß in die Hüftbeuge von Nr. 6, Nr. 6 hält den Fuß, nun den rechten Fuß auf den Rücken, loslassen und Armbewegung, auf Nr. 6 ablegen und zwischen den Beinen von Nr. 6 nach außen abrutschen.

■ 13:

Nr. 6 geht in den Stütz seitwärts und hockt als Abgang durch (nach innen oder außen)

■ 14:

Nr. 7 rollt über den inneren Griff vorwärts nach innen ab und kommt als Bodensprung in den Außensitz wieder hoch. Zeigt den Prinzensitz vorwärts (ggf. auch seitwärts oder rückwärts) frei mit schöner Armbewegung, danach in den Schlaufenstand außen (rechter Fuß in der Schlaufe, linker Fuß auf dem Rücken).

■ 15:

8. Voltigierer springt in den Innensitz zwischen die Beine von Nr. 7 (ggf. mit Hilfe von Nr. 7), Armbewegung nach hinten, (Innensitz ggf. Beine übereinander schlagen). Nr. 7 geht mit beiden Händen an die Griffe, dann aus dem Schlaufenstand in den Schulterstand vorwärts (ggf. hilft ihm Nr. 8), nacheinander führt er die Beine (wie beim Rad) nach innen ab oder er kniet sich hinter Nr. 8 und geht aus dem Knien nach innen ab.

■ 16:

Nr. 8 zeigt eine Nadel/Standwaage im Außengriff (wahlweise linker oder rechter Fuß im Griff, linke Hand fasst in die Mähne oder das Pad), gleichzeitig springt Nr. 1 ins Knien oder in den Liegestütz, dann einsitzen und Nr. 8 festhalten, diese macht einbeiniges Stehen im Außengriff, dann über flüchtigen Außensitz abgehen. Nr. 1 geht auf den Hals, Blickrichtung nach vorne (Pferdeohren).

■ 17:

Nr. 1 Armbewegung, während Nr. 4 aufspringt ins Knien, gemeinsame Armbewegung, Nr. 4 hinstellen und gemeinsam Nr. 6 ins Stehen hochziehen. Nr. 6 geht hinter Nr. 4, Nr. 4 in die hohe Bank, Nr. 1 stützt Nr. 4.

■ 18:

Nr. 6 hockt auf die hohe Bank von Nr. 4 auf zum Grundsitz, dann zur Fahne (ggf. auch Knien oder Stehen), Nr. 6 geht in den Querlieger seitwärts, Blick nach innen und rollt ab, Nr. 1 bremst Nr. 6 beim Abrollen.

■ 19:

Nr. 4 kniet und hilft Nr. 1 beim Angang über die flüchtige Kerze. Danach Nr. 4 Rolle am Hals nach außen ab.

Falls noch Zeit ist (vier Minuten Kürzeit für L-Gruppen), kann diese Kür noch erweitert werden. Die andere Möglichkeit wäre noch gestalterische Bewegungen ggf. passend zur Musik einzuarbeiten.

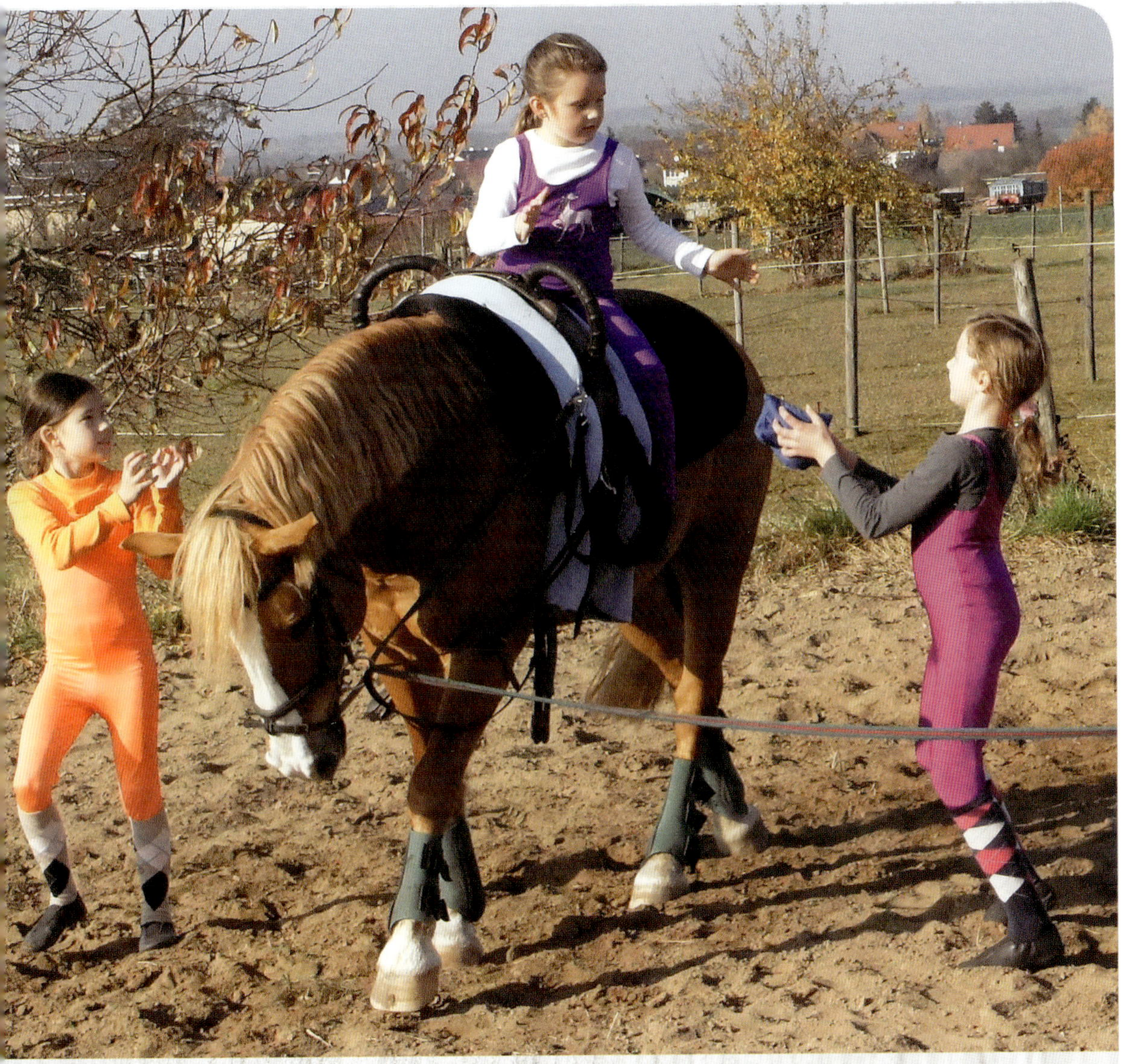

Voltigierspiele

Warum Voltigierspiele im Unterricht?

Für manche Ausbilder ist der Einsatz von Spielen im Unterricht eher ungewöhnlich. Oft werden die Voltigierer am Pferd vom Ausbilder unterrichtet und die restlichen Kinder langweilen sich oder spielen und toben am Zirkelrand. Voltigierspiele beziehen alle Voltigierer in den Unterricht mit ein. Die Voltigierer lernen mit hoher Motivation und Abwechslung Übungen rund ums Voltigieren.
Spielen ganz allgemein bedeutet Spaß, Abwechslung und Spannung, aber auch manchmal die Erkenntnis, dass Sieg und Niederlage, Stärken und Schwächen, Selbstsicherheit und Ängste eng beieinander liegen können. Manchmal erkennt man auch, dass manchen Kindern bestimmte Spiele keinen Spaß machen, dass manchen Kindern bestimmte Spiele einfach zu langweilig sind oder dass manche Kinder gar nicht gewohnt sind, innerhalb einer Gruppe zu spielen.
Deshalb sollte sich jeder Ausbilder einige Vorüberlegungen zum Spielen machen, um so den Erfolg der Spiele besser planen und einschätzen zu können.

Spielen ist für Kinder mehr als nur ein Zeitvertreib

Durch eine veränderte Wohnsituationen und gravierende Einschränkungen der Spielmöglichkeiten in ihrer direkten Umgebung sind Kinder häufig auf Erfahrungen aus Fernsehen, Computer oder Büchern angewiesen. Gerade im städtischen Umfeld haben viele Kinder meist nur wenige Gelegenheiten für freies Spielen. Ist die nähere Umgebung gefährlich, können Spielkameraden nicht aus eigener Kraft besucht werden, sind Spielplätze fest vorgegeben und bieten keine Chance der Mitgestaltung und Veränderung, bleibt Kindern oft nichts anderes übrig, als zu Hause zu bleiben. Dies ist eine Ursache dafür, dass viele Kinder unter Bewegungsmangel leiden. Die mangelnden Möglichkeiten der Kinder, die auf sie einströmenden Reize zu verarbeiten, führen zu Stress. Deshalb leiden immer mehr Kinder unter psychosomatischen Erkrankungen.
Spielen ermöglicht Kindern, ihre Umwelt und ihre individuelle Entwicklung zu begreifen. Sie entwickeln im Spiel ihre sozialen, physischen und psychischen Fähigkeiten, ihr Selbstvertrauen und ihre Identität. Im Spiel messen Kinder ihre Kräfte und lernen sich und andere einzuschätzen. Sie finden spielerisch ihren Platz in der Gruppe und in ihrer Umgebung. Je mehr Spaß das Spielen macht, umso intensiver prägt sich das Gelernte ein.

Spielen

Spielen kann bei den Kindern vieles fördern

- Soziales Verhalten
- Rücksichtnahme
- Durchsetzungsvermögen
- »Anführen« und »Unterordnen«
- Wahrnehmung
- Geschicklichkeit
- Ausdrucksfähigkeit
- Sprache
- Phantasie
- Kreativität
- Bewegung
- Abgrenzen und Grenzen akzeptieren

Spiele(n) & mögliche Lerneffekte

Jedes Spiel verlangt den Kindern körperliche und geistige Tätigkeiten ab, die im Spiel automatisch geübt und trainiert werden. Die Lerneffekte sind dabei unterschiedlich. All diese Fähigkeiten brauchen wir auch im Voltigiersport.

- Körperlichen/motorischen Lerneffekte wie: Balance, Beweglichkeit, Koordination, Kondition, Kraft, Geschicklichkeit
- Geistig/kognitive Lerneffekte wie: Konzentration, Beobachtungsvermögen, Problemlösungsstrategien, Reaktion, Gedächtnis, Taktik, Kreativität
- Emotionale/soziale Lerneffekte wie: Einfühlungsvermögen, Geduld, Kooperations-, Kommunikations- und Konfliktfähigkeit, Ausdrucksfähigkeit, Ausdauer, Horsemanship im Pferdeumgang.

Lernhemmer und Vorteile bei Voltigierspielen

Damit Voltigierspiele gelingen, müssen die unten aufgeführten Hindernisse unbedingt vermieden werden, sonst werden die Voltigierspiele kein Erfolg sein. **Störend wirken:**

- **Ungeeignete Pferde:** Pferde haben Angst vor den Spielgeräten oder der Spielsituation
- **Eltern der Voltigierer:** Eltern finden die Spiele für ihre Kinder ungeeignet, die Kinder sollen lernen und nicht spielen. Die Erfolge sind nicht unbedingt gleich sichtbar.
- **Ggf. auch die Voltigierer:** Spiele gefallen den Voltigierern nicht. **Sind diese Hindernisse ausgeschlossen, haben Voltigierspiele viele Vorteile:**
- Die Voltigierstunde wird abwechslungsreicher.
- Motorische Fähigkeiten wie Balance, Beweglichkeit, Koordination, Geschicklichkeit und Kondition werden verbessert.
- Die Spiele fördern die Wahrnehmungsfähigkeit, die Reaktionsfähigkeit sowie das soziale Lernen.
- Spiele passen in jeden Stundenabschnitt, als Einleitung, als Hauptteil oder zum Schluss. Voltigierspiele regen die Fantasie an und bringen viele neue Anregungen.
- Voltigierer werden ganzheitlich gefördert sowie kreativ und wertvoll beschäftigt.
- Voltigierspiele beziehen alle Kinder mit ein.
- Die Spiele fördern das Miteinander von Pferd, Kind und Gruppe.
- Voltigierspiele bereiten auf sportliche Wettbewerbe vor.
- Voltigierspiele vermitteln voltigierspezifische Fähigkeiten wie z. B. Anlaufen, Takt, Pflicht- und Kürübungen.
- Beim Einsatz von Bällen kommen Spiele auch bei Jungs an.

Hinweise zur praktischen Durchführung von Voltigierspielen

Jedem Voltigierspiel müssen folgende Vorüberlegungen vorausgehen. Nur dann sind die Spiele für alle gefahrlos und wirken motivierend.

Zum Pferd

Das Pferd muss an die Spielformen und Spielgeräte schrittweise herangeführt werden. Dabei ist genügend Zeit einzuplanen. Pferde lernen unterschiedlich schnell und dürfen keinesfalls überfordert werden. Das Pferd lernt zuerst alleine und ohne die Voltigierer Spielgegenstände kennen. Dann wird es an der Longe zuerst mit erfahrenen Voltigierern an die Spielgegenstände und Spielformen gewöhnt.

Zur Gruppe

Die Spieleauswahl erfolgt unter Berücksichtigung von:

- Alterszusammensetzung/Geschlechterzusammensetzung der Gruppe
- Gruppengröße
- Leistungstand der Gruppe, der einzelnen Mitglieder (Differenzierungsmöglichkeiten)
- Vermeiden von Über- bzw. Unterforderung der Gruppe
- Welche Interessen und Wünsche sind in der Gruppe vorhanden?
- Hat die Gruppe schon Erfahrungen mit Spielen?
- Wie ist gerade die Stimmung der Gruppe? Ggf. auch an dem durchzuführenden Tag!
- Kann das Spiel die Gruppendynamik beeinflussen?

Zum Ausbilder – Was für Ziele verfolgt er?

- Spaß, Action und Fun
- Austoben
- Ein Thema behandeln und vertiefen
- Die Gruppe beruhigen, zusammenführen
- Die Gruppe soll sich kennenlernen

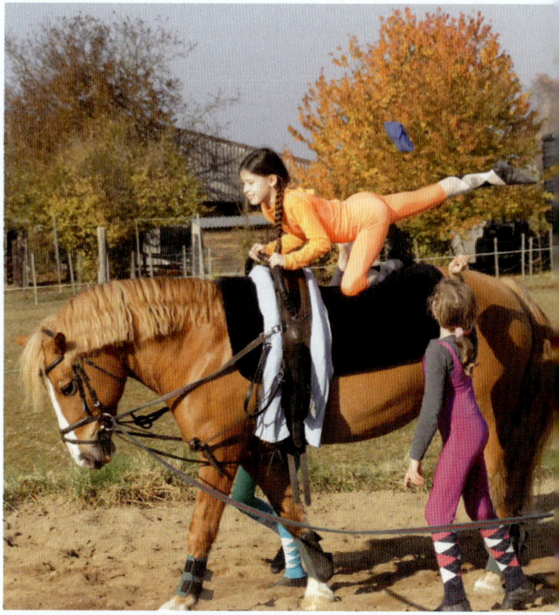

Welche Spiele eignen sich für die angestrebte Zielsetzung?

Nicht jedes Spiel unterstützt das angestrebte Ziel. Was sind die Auswirkungen des Spiels, lenkt das Spiel ggf. in eine ganz andere Richtung?

Spielregeln

Spielregeln müssen deutlich und verständlich erklärt werden! Wie gut ein Spiel gelingt, hängt auch von der Spieleinführung ab.

Wie soll ein Spiel erklärt werden?

Zuerst das Fundament: Ziele, Positionen, Aufgaben, Fehlermöglichkeiten erklären. Dann die Einzelheiten und Details erklären. Bewährt hat sich ein Probedurchgang oder das Vormachen.

Spielauswahl

Bei der Spielauswahl ist folgendes zu beachten:

- Keine Spiele einsetzen, die Enttäuschungen bringen. Spielen soll Erfolg und Zufriedenheit ermöglichen.
- Zusammenarbeit ist besser als Wettbewerb und Gegeneinander.
- Spannender, befriedigender Spielverlauf ist oft wichtiger als das Spielergebnis.
- Mögliche Lernauswirkung beachten.

Vorüberlegungen zur Spielplanung

- Was für Material wird benötigt? Material vorher bereitstellen und kontrollieren.
- Sind die Räumlichkeiten für das Spiel geeignet?
- Wie lange dauert ein Spiel?
- Was mache ich, wenn die Zeit überschritten wird?
- Wie ist die Spielabfolge?
- Was folgt nach dem Spielen?
- Wer präsentiert das jeweilige Spiel?

Hilfen zur Spielauswahl

Wenn sich der Ausbilder seine Vorüberlegungen zum Spielen gemacht hat, wird er das richtige Spiel auswählen. Aufmerksam wird er das Spiel betreuen und nach seinen Lernzielen steuern. Dabei soll er aber immer Platz für eine freie Entwicklung und Spontaneität zulassen.

Möglichkeiten, Gruppen zu bilden

- Abzählen oder Abzählreime
- Einteilung nach Größe, Alter oder Geschlecht usw.
- Memorykarten, Post- oder Quartettkarten.
- Krabbelsack mit gleichen Gegenständen, gleiche Gegenstände sind in einer Gruppe.
- Ausbilder teilt ein oder Voltigierer bilden selber Gruppen, ggf. unter Beachtung von Vorgaben (wie z. B. zwei gleich große Voltigierer oder ein großer und ein kleiner Voltigierer).
- Rätsel, Quizaufgaben, Rechnungen. Ergebnisse bilden Gruppen.

Spielaufstellungen

- Linienaufstellung, Voltigierer stehen am Zirkelrand oder der Longe, ohne diese zu berühren.
- Aufstellung um den Zirkel, im Kreis oder im Quadrat, Voltigierer stehen einzeln oder paarweise um den Zirkel. Sicherheitsabstand zum Pferd beachten!
- Aufstellung in der Reihe, Voltigierer stehen einzeln oder paarweise hinter dem Pferd. Sicherheitsabstand zur Hinterhand!

Förderschwerpunkte unterteilen Voltigierspiele

- Lauf- und Bewegungsspiele
- Wurf- und Fangspiele
- Voltigierübungen spielerisch turnen, Übungen turnen
- Wahrnehmungsspiele
- Ratespiele

- Konzentrationsspiele
- Kreativspiele, wie Geschichten erfinden
- Spiele mit Musik
- Geschicklichkeitsparcours bewältigen, geführt oder auch am Langzügel

Praktische Spielvorschläge

In der Praxis lassen sich die Spiele folgendermaßen einteilen:

a. Spiele ohne Pferd

Spiele ohne Pferd werden oft in der Erwärmung oder für die außen zu betreuenden Kinder eingesetzt. (weitere Spiele auch im Kapitel Erwärmung)

- Verschiedene Fangspiele: Brückenfangen,
- Adler und Eidechse, Schwarzer Mann
- Bockspringen
- Schubkarrenlaufen
- Baumstamm tragen
- Ich schaue in den Spiegel, Spiegelbild nachmachen
- Seilspringen
- Spiele mit Reifen oder Seilen
- Lokomotive laufen

b. Spiele an der Longe mit Voltigiergurt oder Sattel.

Das Pferd kann auch geführt werden und der Voltigierer kann auch auf dem blanken Pferderücken sitzen.

- Absitzen mal anders ab: Neue Abgänge erfinden und nachmachen wie z. B. an der Kruppe abrutschen oder Rollen vom Pferd
- Bierdeckeltransport: Bierdeckel oder Spielkarten werden von den im Kreis stehenden Voltigierern ausgeteilt oder eingesammelt.
- Zieh dich an: Voltigierer ziehen sich auf dem Pferd Mütze, Schal, Handschuhe, Weste usw. an und wieder aus.
- Dirigentenraten, Handwerksmeister raten, Oberaffenraten: Voltigierer auf dem Pferd schließt die Augen, ein außen stehender Voltigierer wird bestimmt und beginnt zu dirigieren, den Handwerker zu spielen oder den Oberaffen zu spielen. Alle anderen machen die Bewegungen nach. Der auf dem Pferd sitzende muss den Anführer erkenne.
- Pantomimen raten: Berufe, Tiere oder Tätigkeiten erraten. Das Kind auf dem Pferd stellt Rätsel vor. Kreiskinder raten. Wer rät, darf als nächstes.
- Kinder raten, Hänschen ruf mal piep: Das auf dem Pferd sitzende Kind versucht sich die Namen der im Kreis stehenden Kinder zu merken. Dann schließt es die Augen. Nach einer Weile ruft es: »Hänschen ruf mal piep«. Ein Kind antwortet und es muss erraten wer gerufen hat. Ist das Ergebnis richtig, wird gewechselt.
- Wer weiß es genau: Kinder auf dem Pferd versuchen mit geschlossenen Augen abzuschätzen, wann z. B. eine Runde getrabt wurde, eine Stange überwunden wurde oder wann das Pferd fünfzehn Schritte gelaufen ist. Dieses Spiel kann in allen Gangarten und auch im Vorwärts-, Seitwärts- oder Rückwärtssitz erfolgen.
- Macht's anders: Zwei Bewegungen werden festgelegt, z. B. Armkreise und in die Hände klatschen. Ein Voltigierer sitzt auf dem Pferd in beliebiger Gangart. Die Voltigierer außen machen eine der beiden Armbewegungen vor, der auf dem Pferd sitzende muss immer die andere machen. Bei Fehlern wird gewechselt.
- Was ist in meinem Beutel: Der auf dem Pferd

Sicherheitshinweise

- Möglichst eingezäunten Reitplatz oder Reithalle nutzen.
- Pferde müssen Spielmaterialien und Spielformen kennen!
- Alle Spiele zuerst geführt, dann im Schritt, dann erst in anderen Gangarten probieren.
- Spiele zuerst mit fortgeschrittenen Voltigierern und Pferden ausprobieren.
- Voltigierer brauchen den richtigen Abstand zum Pferd, nicht vor dem oder dicht hinter dem Pferd laufen!
- Die Pferde und Voltigierer brauchen die richtige Ausrüstung.
- Die Augen niemals richtig verbinden! Augen nur schließen lassen, dann kann der Voltigierer sie bei Bedarf immer öffnen!
- Ggf. Probedurchgang durchführen oder den Spielablauf vormachen lassen.

sitzende Voltigierer (beliebige Gangart und Bewegungsrichtung) hat einen Beutel mit verschiedenen Gegenständen wie z. B. kleine Spielzeuge oder diverses Putzzeug usw. Er beschreibt den Kreiskindern seinen Gegenstand. Wer ihn errät darf aufs Pferd.

■ Wer kann es erraten: Jedes Kreiskind hat einen Gegenstand (kleine Spielzeuge oder diverses Putzzeug usw.) in der Hand und zeigt ihn dem auf dem Pferd sitzenden (beliebige Gangart und Bewegungsrichtung). Dieser merkt sich alles. Nun werden die Gegenstände hinterm Rücken versteckt und das Kind muss sagen, wer welchen Gegenstand hat.

■ Wer kommt mit: Das auf dem Pferd sitzende Kind sucht sich ein Kreiskind aus. Dieses läuft außen oder innen mit ihm mit in beliebiger Gangart und über eine festgelegte Strecke. Das Kind auf dem Pferd kann auch eine Fahne, das Knien oder eine andere Übung ausführen. Die restlichen Kinder machen die gleiche Übung am Boden.

■ Rhythmische Übungen: wie z.B. bei eins klatschen, bei zwei Armkreis rechts, bei drei Armkreis links, bei vier beide Arme nach oben. Dann wieder von vorne beginnen. Es können auch mehr als vier Übungen hintereinander ausgeführt werden und in jeder Gangart. Alle Kinder außen machen die Bewegungen mit. Übungen können auch im Kanon ausgeführt werden.

■ Mühle turnen, nach jeder Phase einen Grundsitz zeigen.

■ Einen Ring auf dem Kopf, Po usw. balancieren und nicht verlieren.

■ Schneidersitz oder eine andere Übung mit bestimmten Armbewegungen zeigen oder mit einer Bewegungsaufgabe

■ Armer schwarzer Kater: Ein Voltigierer versucht die anderen Kinder zum Lachen zu bringen. Wer lacht, darf aufs Pferd.

■ Zauberball: Der auf dem Pferd sitzende Voltigierer berührt die Kreiskinder mit einem Zauberball. Diese erstarren in ihrer Position, bis sie von einem anderen Kind befreit werden.

■ Erkennst du die Musik: Es läuft Musik. Immer wieder wechseln sich z.B. vier Musikstücke (ca. 30 sec.) ab. Jeder Musik ist eine Übung zugeordnet. Alle Voltigierer auf dem Pferd und am Rand müssen die richtige Übung zur richtigen Musik zeigen.

■ Longenlimbo: Der auf dem Pferd sitzende Voltigierer muss versuchen unter einer hochgehaltenen Longe (oder Strohstrick) durchzureiten, ohne diese zu berühren. Die Höhe wird dabei immer niedriger.

- Wäscheklammernspiel: Kreiskinder versuchen dem auf dem Pferd sitzenden Kind Wäscheklammern an der Kleidung festzumachen. Das Kind versucht auszuweichen, um möglichst wenig Klammern an der Kleidung zu haben. Nach einer/zwei Minuten wird gewechselt. Wer hat ganz wenige Klammern?
- Ringreiten: Kreiskinder halten Gymnastikreifen hoch. Das auf dem Pferd sitzende Kind versucht kleine Bälle, Bierdeckel oder Tücher durch die Reifen zu werfen. Sind alle Gegenstände geworfen wird gewechselt.
- Ballwerfen: Kreiskinder werfen dem Kind auf dem Pferd Bälle zu und fangen sie wieder, oder Kreiskinder werfen Bällen durch die Bank, über die Fahne usw.
- Wasser-Transport: Das Kind auf dem Pferd versucht ein kleines Plastikgefäß gefüllt mit Wasser auf dem Pferd zu balancieren, ohne dass es Wasser verschüttet.
- Wäsche aufhängen: Das Kind auf dem Pferd versucht im Vorbeigehen an den Kreiskindern Wäsche an einer hochgehaltenen Leine aufzuhängen. Entweder mit Wäscheklammern oder die Wäsche nur auf die Leine legen.

Die Liste ist unendlich erweiterbar. Den eigenen Ideen sind keine Grenzen gesetzt!

c. Spiele in der Reithalle oder auf dem Reitplatz als Parcours

Extrarunde auf dem Pferd: In den vier Ecken der Halle stehen kleine Eimer mit Fragen. Die Voltigierer müssen die Fragen beantworten und auf einem Spielpass eintragen lassen. Wer falsch antwortet muss auf dem Pferd in der Mitte eine Extrarunde sitzen. Wer am schnellsten alle Fragen beantwortet hat, ist Wissenskönig.

- Kannst du raten: Die Voltigierer werden allein, zu zweit oder zu dritt auf dem Pferd durch die Halle geführt. An verschiedenen Punkten in der Halle hängen Wörterrätsel. Alle Kinder müssen z. B. drei Rätsel auf dem Pferd und drei Rätsel zu Fuß erraten. (z. B. BWLAURTM = Warmblut oder ENHAF = Fahne usw.) Wer kann die meisten Rätsel lösen?
- Hindernisstrecke: Es wird eine Hindernisstrecke aufgebaut, durch bzw. über die die Kinder geführt werden. Ggf. auch im Trab oder zu zweit. (z. B. Slalom durch vier Hütchen, dann durch eine Gasse aus Stangen, im Kreis um ein Fass, über eine Folie, über eine Stange usw.)
- Geschicklichkeitsreiten: Voltigierer müssen geführt einen kleinen Geschicklichkeitsparcour bewältigen. Ggf. auch im Trab oder zu zweit. (z.B. Slalom durch vier Hütchen im Knien, dann absitzen und über eine Stangen balancieren, wieder aufsitzen (ggf. alleine) rückwärtssitzend über eine Stange reiten, wieder im Vorwärtssitz Gegenstand von einer Tonne heben, einen Ball fangen und zurück werfen usw.)
- Eierreiten: Ein Plastikei auf einem Löffel über eine bestimmte geführte Strecke balancieren.

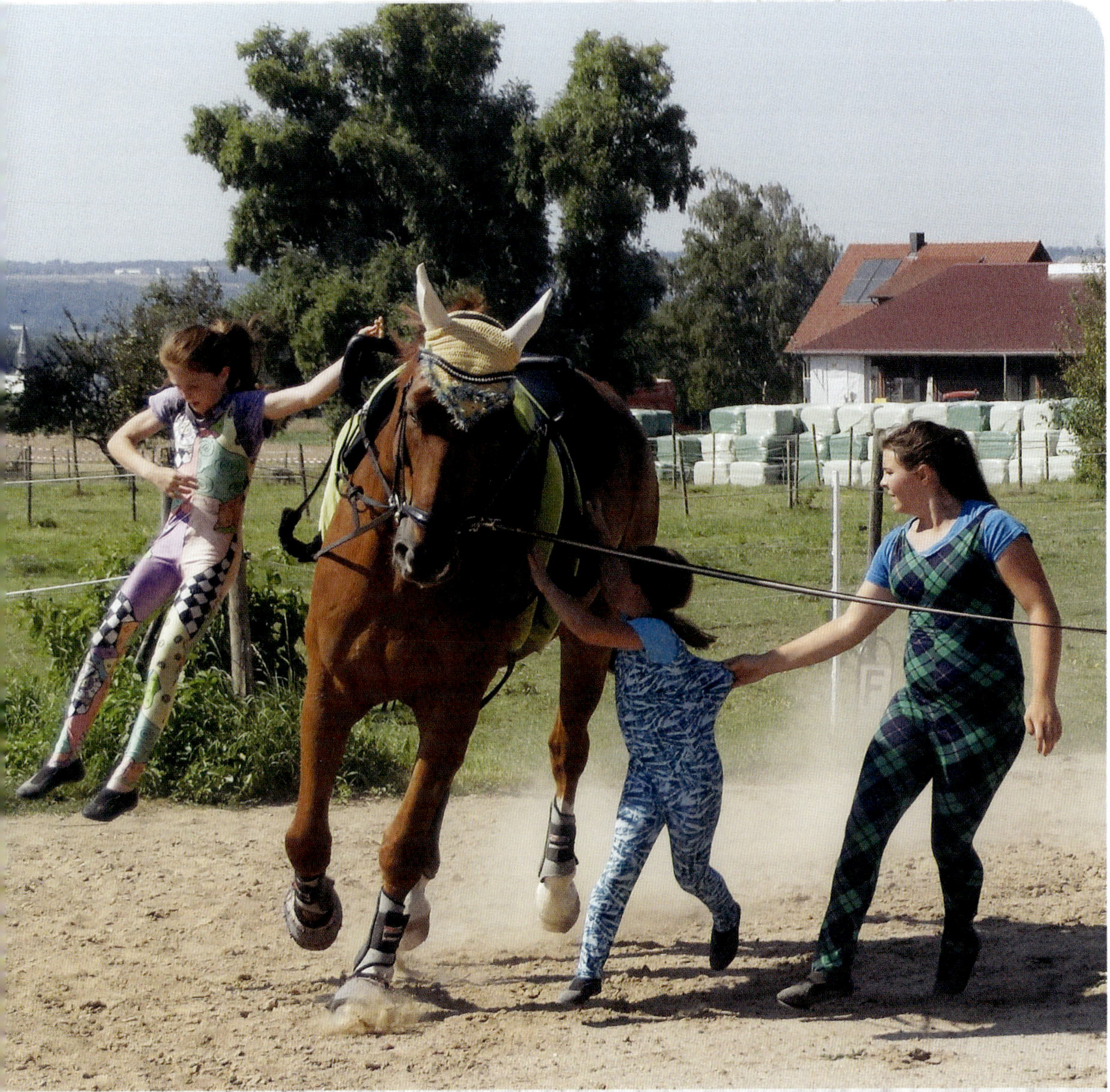

Material und Literatur

Materialliste

Jeder Ausbilder sollte eine Kiste mit verschiedenen Materialen im Stallschrank haben. Diese Materialkiste hilft beim Einsatz von Spielen. So können Spiele auch kurzfristig angeboten werden, ohne dass das Material erst besorgt werden muss. Folgende Vorschläge eignen sich dafür und können kostenlos oder günstig besorgt werden. Eine Liste an der Kiste verschafft jedem Ausbilder eine schnelle Übersicht über den Inhalt.

- Gummiringe, groß und klein
- Gesäuberte Siloplane
- Kunstblumen
- Bierdeckel
- Mütze, Schal, Handschuhe, Stulpen, Weste
- Stoppuhr (oft auch im Handy)
- Sack oder Beutel mit verschiedenen kleinen Dingen
- Diverses Putzzeug (ggf. auch im Putzkoffer)
- Teppichfliesen
- Besenstiele oder Gymnastikstäbe
- Therabänder
- Fragekarten mit Pferdewissen (sind foliiert besser haltbar)
- Verschiedenfarbige Bandagen
- Bahnpunkte-Karten, Pferdebilder
- Wortkarten, Wörterrätsel
- Hütchen
- Zeitungen
- Flatterband
- Wassereimer, Becher
- Tennisbälle
- Wäscheklammern
- Alte Longen oder Strohstricke
- Plastikeier
- Löffel
- Stofftier
- Klebeband
- Stifte und Papier
- Seile, ggf. auch ein ganz langes Springseil
- Tücher zum Augen verbinden
- Hufeisen
- Gerten

Auch diese Dinge sollten greifbar sein bzw. zur Verfügung stehen:

- Cavaletti
- Plastikblöcke
- Stangen
- Holzpferd mit Griffen
- Iso- oder Gymnastikmatten
- Tonne oder größere Eimer
- Pezziball
- Kartons

Verschiedene Materialien für Voltigierspiele lassen sich sammeln oder günstig kaufen.

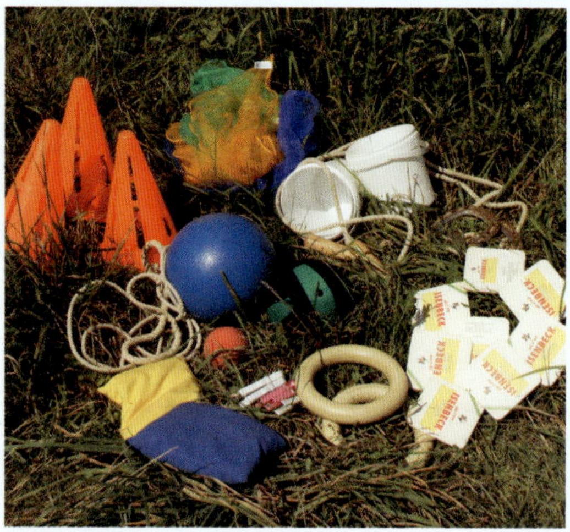

Literaturliste Voltigieren

Für weitere Informationen rund ums Voltigieren hilft folgende Literaturliste. Einige dieser Bücher gehören in den Besitz eines jeden Ausbilders, egal ob er im Breiten- oder Leistungssport tätig ist.

Aufgabenheft Voltigieren (jeweils neueste Ausgabe) mit Kürkatalog und Ausrüstungskatalog, Disziplin Voltigieren

Ausbildungs- und Prüfungs-Ordnung (APO) 2020, Deutsche Reiterliche Vereinigung e.V. (FN)

Leistungs-Prüfungs-Ordnung (LPO), 2018

Voltigierer und Pferde spielend motivieren, Hildegard Rosemann, ISBN: 978-3-88543-489.5

Richtlinien für Reiten, Fahren und Voltigieren – Band 3, Voltigieren

Longieren: Grundlagen – Hilfengebung – Problemlösungen, Rainer Hilbt, blv Verlag

Richtlinien für Reiten, Fahren und Voltigieren – Band 6, Longieren

Optimales Voltigiertraining, Dr. Christian Peiler und Dr. Dennis Peiler, FN Verlag

Abzeichen im Voltigiersport, Ute Lockert und Ulrike Rieder, FN Verlag

Auch diese Adressen helfen weiter:
www.pferd-aktuell.de (Seite der FN, hier sind Broschüren zum Voltigieren erhältlich)
Internetauftritt der verschiedenen Pferdesportverbände wie z. B.
www.voltigieren-pferdesport-bw.de

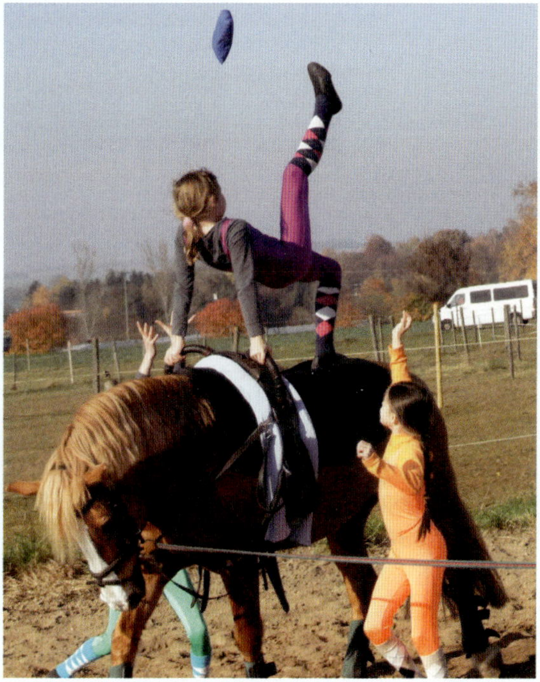

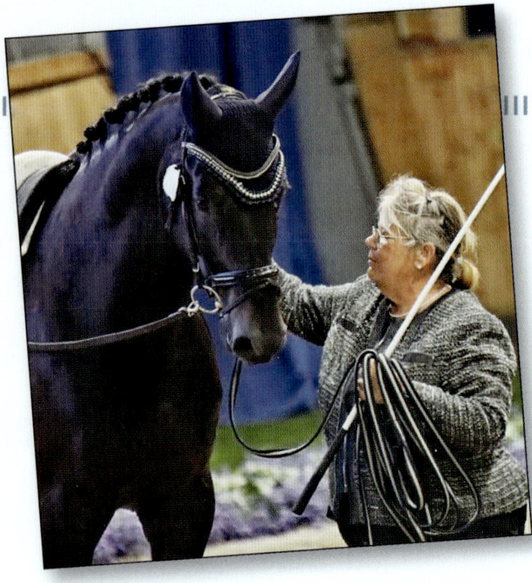

Hannelore Leiser

ist Grundschullehrerin und Trainer A Voltigieren sowie Trainer B Reiten. Im Voltigierverein Bad Friedrichshall betreut sie Voltigierer von den Anfängen bis zu Deutschen Meisterschaften und internationalen Turnieren. Sie ist sowohl im Breiten- als auch im Leistungssport tätig. Mit viel Engagement bildet sie Pferde, oft mit schwieriger Vorgeschichte, zu Voltigierpferden aus, einige von ihnen bis zur Meisterschaftsreife. Sie fördert die eigenen Pferde nicht nur an der Longe, sondern auch im Reiten und Fahren und besitzt das silberne Reitabzeichen und das bronzene Fahrabzeichen. Bei zahlreichen Longier- und Voltigierlehrgängen gibt sie ihr Wissen im In- und Ausland weiter, unter anderem an Regionalkadervoltigierer. An der Fachschule für Voltigieren in Neubulach ist sie Referentin und Lehrgangsleiterin in der Trainerausbildung Voltigieren. Mit fremden Voltigierern aus anderen Nationen und eigenem Pferd hat sie schon an zahlreichen Championaten teilgenommen. Ihr größtes Ziel ist jedoch die Championatsteilnahme mit eigenem Pferd und eigenen Voltigierern.

Die Reitschule

Die erfolgreiche **Ratgeberreihe** für alle Reiter und Pferdefans

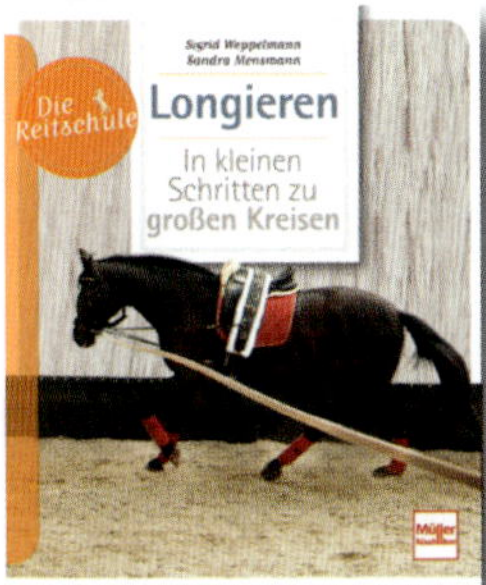

Sigrid Weppelmann/
Sandra Mensmann
Longieren
ISBN 978-3-275-01727-0

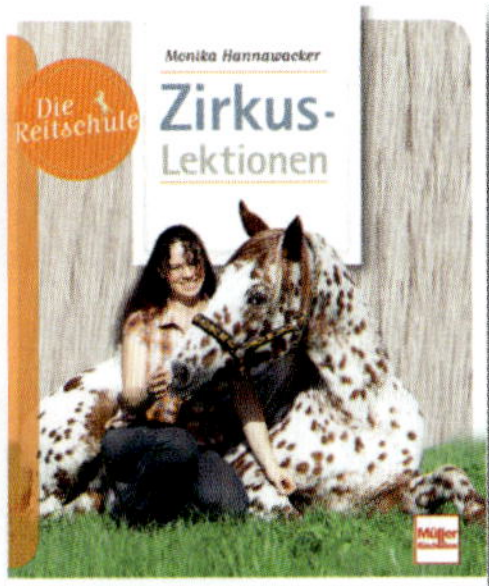

Monika Hannawacker
Zirkuslektionen
ISBN 978-3-275-01831-4

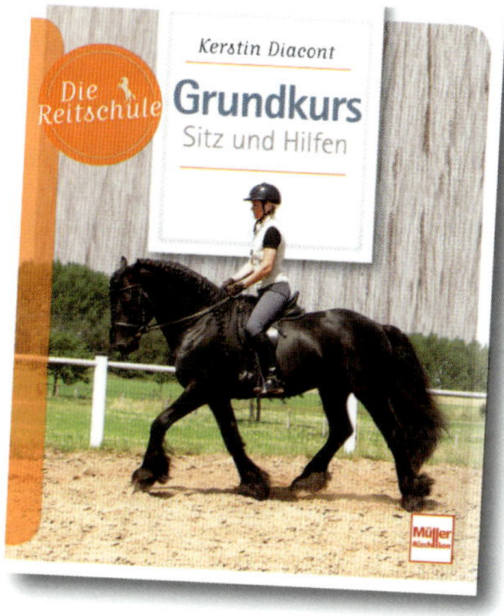

Kerstin Diacont
Grundkurs Sitz und Hilfen
ISBN 978-3-275-02147-5

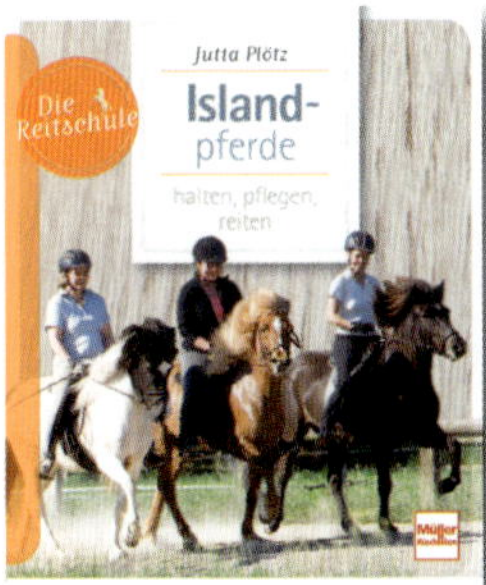

Jutta Plötz
Islandpferde – halten, pflegen, reiten
ISBN 978-3-275-02052-2

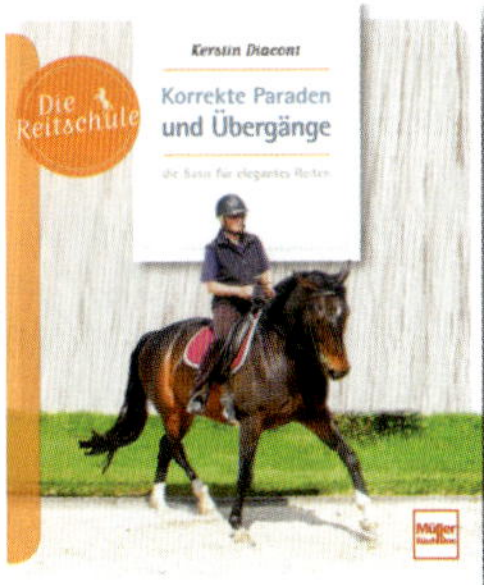

Kerstin Diacont
Korrekte Paraden und Übergänge
ISBN 978-3-275-02184-0

Jedes Buch mit 96 Seiten
ca. 80 Abb., broschiert
ab € 11,95 | € (A) 12,40

Änderungen in Preis und
Lieferfähigkeit vorbehalten.

Überall, wo es Bücher gibt oder
www.mueller-rueschlikon.de
Service-Hotline: 0711-78 992 151

Müller Rüschlikon

Pferdeglück

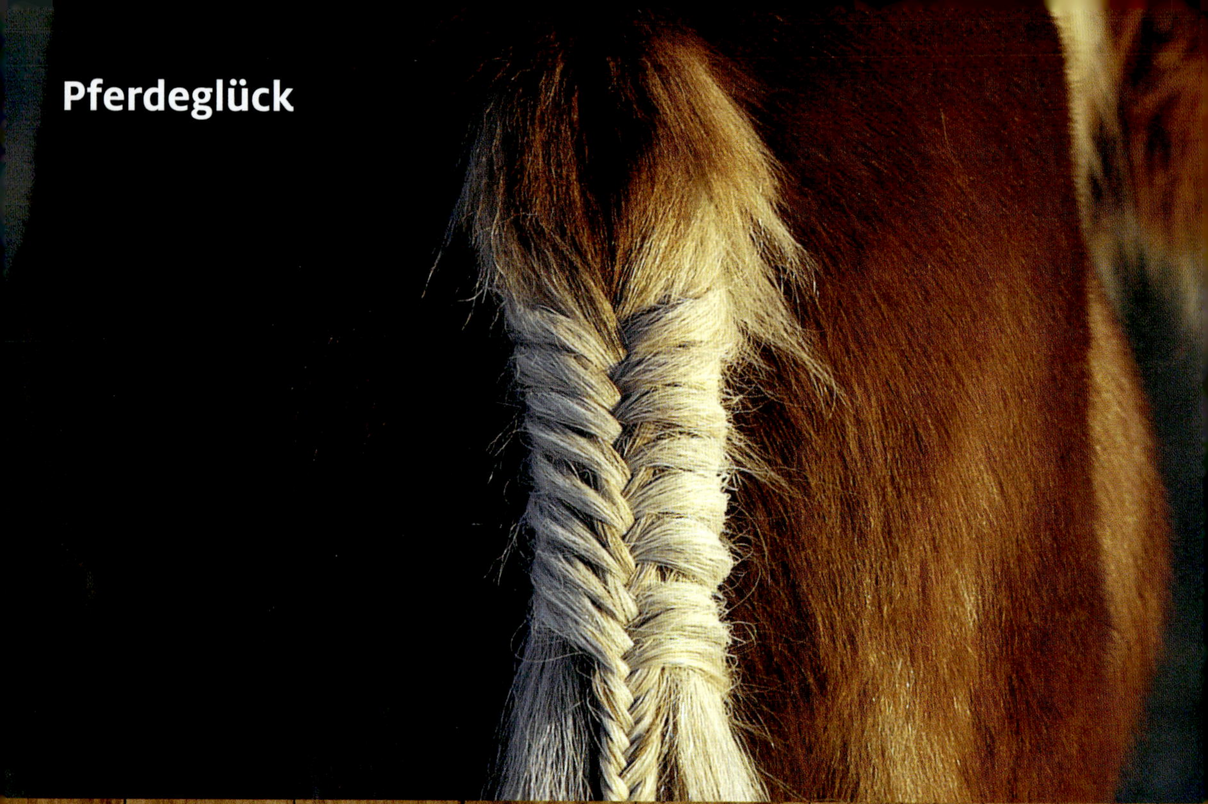

Pferdewissen

Zur richtigen Fürsorge für unsere liebsten Vierbeiner gehört auch die richtige Lektüre: in Cavallo steht alles, was die Pferdehaltung besser macht – und die Pferdeliebe intensiver.

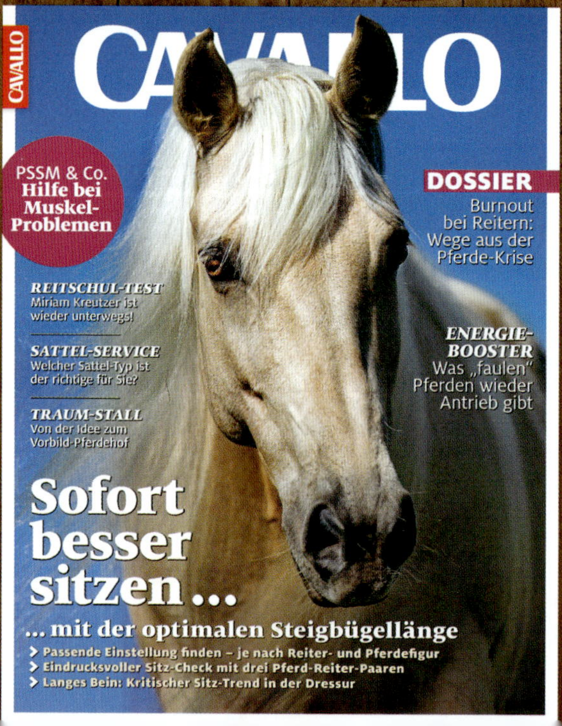

Jeden Monat am Kios oder am besten gleic im Abo.

Web: www.cavallo.de
Telefon: 0781 6396659
E-Mail: cavallo@burdadirect.d